8° Lf 138 79

Paris
1872

Houssaye, Arsène

La Question des jeux

Opinions des moralistes, des journaux et des hommes politiques

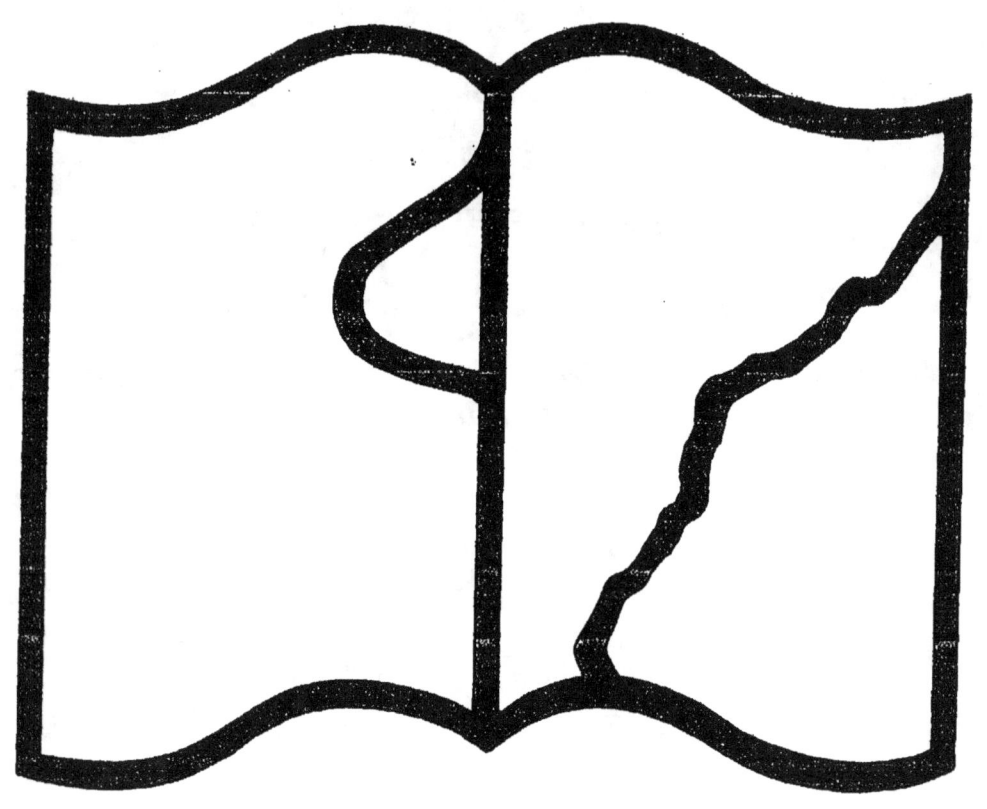

**Symbole applicable
pour tout, ou partie
des documents microfilmés**

Texte détérioré — reliure défectueuse

NF Z 43-120-11

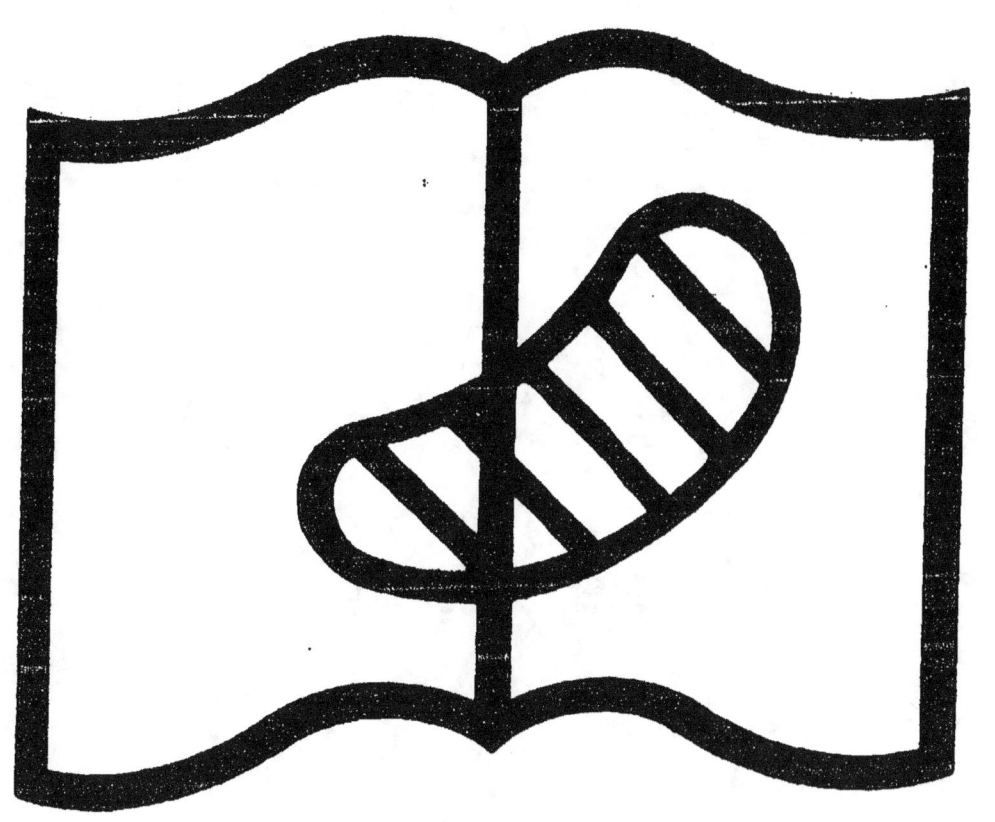

Symbole applicable
pour tout, ou partie
des documents microfilmés

Original illisible

NF Z 43-120-10

LA

QUESTION DES JEUX

DE L'IMPRIMERIE L. TOINON ET C°, A SAINT-GERMAIN.

LA QUESTION DES JEUX

OPINIONS DES MORALISTES
DES JOURNAUX ET DES HOMMES POLITIQUES

PRÉFACE

PAR

M. ARSÈNE HOUSSAYE.

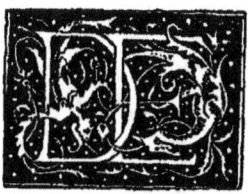

PARIS
E. DENTU, LIBRAIRE-ÉDITEUR
PALAIS-ROYAL, 17 ET 19, GALERIE D'ORLÉANS

1872

Tous droits réservés.

LA QUESTION DES JEUX

PRÉFACE.

LES JEUX EN FRANCE.

> Le ciel joue notre destinée
> à croix ou à pile.
> PASCAL.

I.

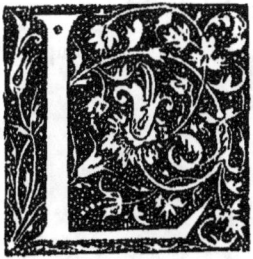E jeu est aussi vieux que le monde. Dès qu'ils furent chassés du Paradis terrestre, Adam et Ève jouèrent sans doute à pair ou impair, avec des osselets, des fèves, des noix, des amandes ou des

cailloux. C'est là le plus ancien des jeux de hasard. Il fut en honneur chez les Égyptiens comme chez les Indous, chez les Grecs qui disaient ἀρτιάσειν, comme chez les Romains, qui disaient *par impar ludere*.

Le jeu de pair ou impair était de la plus grande simplicité. Il consistait à prendre un certain nombre d'osselets dans la main et à la tendre à l'autre joueur en lui posant la question : pair ou impair (ἄρτια ἢ περισσά)? Si l'adversaire devinait juste, il gagnait autant d'osselets qu'il s'en trouvait dans la main; s'il se trompait, il en perdait le même nombre.

Souvent au lieu de poser la question : pair ou impair, on demandait couple ou non couple (ζυγὰ ἢ ἄζυγα)?

I.

Puisque Louis XIV ne peut plus refaire Versailles, puisque l'argent seul aujourd'hui est le roi absolu, si nous voulons encore le grand luxe des belles choses, il faut bien compter avec l'argent.

Espérons que le peuple-roi ne désapprendra pas les grandes traditions du Beau, au moment où il est tout pénétré des exemples du Bien.

Autrefois, quand j'allais à Bade — même quand j'avais perdu vingt-cinq louis, mais surtout quand je les avais gagnés — je saluais en M. Bénazet le créateur d'une ville enchantée où on s'amusait toujours pour son argent. Qui donc a gardé un mauvais souvenir de Bade?

On disait autour de moi : « Combien qui se sont

pendus dans la Forêt-Noire pour avoir perdu au jeu leur dernier florin ! »

C'était une manière de parler, car les joueurs ne se pendent pas. Et d'ailleurs il faut des sacrifiés à toutes les passions, parce que toutes les passions sont des abîmes : l'amour, l'ambition, l'argent, aussi bien que le jeu.

On n'a jamais eu l'idée d'interdire le mariage parce que certaines gens ont des malheurs domestiques.

Si on fait une statistique rigoureuse, on trouve bien çà et là en effet un fou qui donne sa démission de l'existence. Mais, par contre, combien de pauvres diables du duché de Bade qui sont devenus riches par la création des banques de jeu !

M. Bénazet faisait cinquante mille heureux contre cinquante désespérés.

Et, je dois le dire, ces cinquante désespérés trouvaient encore la charité assise à la porte de M. Bénazet.

La contribution qu'il prélevait pour le pays de Bade — car il n'était là qu'un fermier général des anciens temps — était une contribution prélevée sur les riches et non sur les pauvres. C'était l'impôt somptuaire.

On dit que M. Dupressoir — Bénazet II — propose au gouvernement, escorté qu'il est par les vœux de je ne sais combien de conseils municipaux, un si grand nombre de millions, qu'il sera impossible de refuser.

III.

Des statisticiens disent autour de moi que la contribution des jeux, directe — et surtout indirecte — produirait en France un demi-milliard.

Je ne m'arrête pas seulement à ce chiffre, je vais étudier la question sous toutes ses faces.

Le premier point de vue, après la question d'argent toutefois, c'est la question d'art. M. Dupressoir, qui a le sentiment de l'architecture, ne dépenserait pas moins de dix à vingt millions pour bâtir le Palais des Jeux d'Enghien. Il en serait ainsi de toutes les autres résidences.

Quelques députés ont vu comme moi le plan des architectes. Ils ont avoué qu'il est impossible de n'être pas séduit, même si on ne veut pas jouer.

L'architecture est le grand art par excellence. On ne dira pas que l'architecte arrive au beau et au grand par l'imitation de la nature. Lui seul peut dire qu'il rivalise avec Dieu dans ses compositions, puisqu'il ne copie pas.

Toutes les architectures anciennes prouvent la grandeur de la conception humaine, depuis le temple de Salomon jusqu'aux Pyramides, depuis le palais de Tyr jusqu'aux merveilles de Babylone, depuis les temples grecs jusqu'aux églises gothiques.

Le grand architecte a tout à la fois le génie de la ligne et de la couleur, du caractère et de l'harmonie.

Il est comme le trait d'union du ciel à la terre, parce qu'il croit que, tout en bâtissant pour l'homme, il croit bâtir pour Dieu.

Aujourd'hui, M. Dupressoir tente de réaliser l'idéal des anciens et des modernes, des hommes du Midi et des hommes du Nord.

Dans le Palais des Jeux qu'il désire élever aux quatre coins de la France, il veut donner le sentiment du beau et du grandiose, le haut goût de la richesse orientale, le luxe inouï de la Renaissance, quand les palais italiens étaient des Olympes où le Giorgione, le Tasse, Léonard de Vinci, l'Arioste tentaient les miracles de l'infini.

Eh bien! ce sont ces miracles-là que veut faire M. Dupressoir. Qui peut nier les miracles de l'art et de l'argent?

Et les spectacles, et les concerts, et les chasses,

et les courses, et les fêtes, vous pouvez vous en rapporter à M. Dupressoir, qui est en toutes choses un gentleman et un dilettante.

IV.

Beaucoup de membres de l'Assemblée nationale, qui d'abord avaient résisté à cette réapparition de la ferme des jeux en France, ont fini par reconnaître, en étudiant la théorie des impôts, que c'était là une des branches de salut dans notre désastre. Il nous faut des millions, d'où qu'ils viennent.

Et ceux-là seront de bonne prise qui viendront de l'Allemagne. Ce sera pour nous un vif plaisir de revoir un peu les louis d'or que nous avons perdus outre-Rhin par le jeu de la guerre ou par le jeu du trente et quarante.

Ce sera la première station de la revanche, puisque l'argent est le nerf de la guerre.

Ce serait vraiment tomber dans le ridicule de la sottise de refuser des centaines de millions par an, sous prétexte que le jeu n'est pas une contribution sérieuse.

Croyez-vous donc que c'est une contribution beaucoup plus sérieuse que celle qu'on prélève sur le vin ou sur le tabac; — que dis-je? sur la sueur du laboureur, — puisque chaque goutte de sueur est un grain de blé, comme disait le grand Sully?

Certes, ni Sully ni Henri IV n'eussent refusé cette contribution du jeu.

C'eût été hâter la poule au pot de chaque chaumière.

V.

Quand je dis cinq cents millions, je ne mets pas un zéro de trop. Ce n'est pas moi, d'ailleurs, qui ai trouvé le chiffre. Il a été trouvé et maintenu par des économistes qui ont étudié à fond le va-et-vient de l'argent.

Les fermiers du jeu ne donneront pas cinq cents millions par an. Mais, par le mouvement qu'ils imprimeront, l'argent du dehors viendra en France comme à la terre promise.

Comme on dit au trente et quarante, tout n'ira pas à la masse. Mais tout homme qui joue dépense beaucoup d'argent autour de lui.

D'ailleurs, il y a les curieux, il y a ceux qui viennent pour voir jouer et ceux qui viennent pour les fêtes.

C'est la contribution prélevée à l'infini par les chemins de fer, les hôteliers, les marchandes de modes, les cafés, les théâtres — tout ce qui est la distraction de la vie.

Les esprits supérieurs ont reconnu que, puisque la suppression des jeux n'avait pas supprimé le jeu, il valait mieux les protéger par la réglementation que de les exiler pour faire la fortune des étrangers.

Ce serait en effet une bien mauvaise politique, puisqu'à la fois on refuserait un revenu d'un demi-milliard, et qu'on permettrait aux tripots d'enrichir les voleurs.

Rouvrir les jeux, c'est fermer les tripots.

Eh bien, il y a tout un abîme : l'abîme du désordre et du désespoir, entre une salle de jeu, où vient la meilleure compagnie, dans tous les encadrements du haut luxe et du haut goût, et les sombres profondeurs d'un tripot borgne, où ne s'aventurent les fils de famille que dans le cortége des coquins.

Celui qui remontera du tripot jusqu'à la salle de jeu sera à moitié sauvé.

A la salle de jeu, on ne joue qu'argent comptant; au tripot, quand on n'a plus d'argent, on joue son honneur, on joue sa vie.

VI.

Dans un pays comme la France, où les pointes des danseuses sont subventionnées, comment ne trouverait-on pas naturel que le jeu s'établît en toute liberté et en toute lumière, non pas sous la protection de l'État, mais sous la réglementation de l'État?

Comme le dit un moraliste : « Les rigoristes ont un argument tout prêt pour demander l'abolition des villes de jeux : c'est l'immoralité du gain, c'est l'entraînement du jeu. » Cet argument a une certaine force et une apparence de raison ; il donne matière à de superbes déclamations, à des effets oratoires, à des tirades humanitaires, à des discours pompeux qui ne sont pas sans effet ; il s'est discuté à la tribune, dans les livres et sur la scène. Au Théâtre-Français on a joué *le Joueur*, une œuvre classique ; à l'Ambigu-Comique, *Trente ans ou la vie d'un Joueur*, un drame hyperbolique ; au Gymnase, *le Démon du Jeu*, une comédie critique. Tout cela est bien et a fait couler des torrents de larmes ; mais qu'est-ce que cela a prouvé ? Absolument rien. On a joué avant et après. On est allé sécher ses larmes dans les salons de jeu, et se distraire des émotions de la tribune, du livre et du théâtre, par les émotions du tapis vert, des cartes, de la roulette et du trente et quarante [1].

---

[1] On supprimerait les villes de jeux, et l'on tolérerait les cercles et les casinos ! Il n'est pas une petite ville qui n'ait un ou plusieurs cercles dans lesquels on joue ; il

Le jeu a fait des victimes, c'est vrai : mais le jeu est une passion. Qui donc supprimera la passion? Bien des joueurs se sont brûlé la cervelle, c'est encore vrai. On les compte ; mais combien d'amateurs de tableaux se sont ruinés? Combien d'antiquaires ont vu disparaître leur fortune dans des

n'est pas une station thermale en France dans laquelle on ne trouve un casino avec salle de musique et tapis vert.

On défend publiquement le jeu et on le tolère partout en France, surtout à Paris. Quelle différence voit-on entre les salons de Bade, de Spa, d'Ostende, de Hombourg, et les mille cercles qui s'étalent de la Madeleine à la Bastille ?

On dira que les villes de jeux sont ouvertes et que les cercles sont fermés. Ceci est puéril. Il n'est pas un cercle dont la porte ne soit entre-bâillée; ils sont tous accessibles moyennant deux parrains, et ces deux parrains se trouvent toujours.

Il se détruit de grandes fortunes dans ces salons soi-disant fermés, il s'y compromet des sommes considérables, et ils n'ont pas la garantie morale que donne le libre accès librement reconnu.

poteries de Faenza? Combien de sportsmen ont culbuté moralement et physiquement? Combien de haussiers et baissiers ont descendu à sec les marches de la Bourse? Combien de financiers ont vu s'évanouir en quelques heures les plus belles fortunes — de leurs actionnés?

Au moins, le jeu n'est pas l'argent des autres.

Le même moraliste dit encore : « Les décavés sont innombrables, ils sont de toutes les professions. Le jeu n'en fournit que la moindre partie. Peut-on refuser à un homme de disposer librement de sa fortune, et peut-on l'empêcher de la dépenser suivant son goût, ses penchants et son plaisir? Si l'on défend les jeux, il faudrait, pour être logique, défendre les courses, fermer la Bourse et prendre d'efficaces mesures contre tous les agioteurs industriels, financiers et autres. Le jeu est partout et dans tout. »

VII.

On s'occupait encore ces jours-ci sérieusement, à Versailles, à propos de matières premières, de cette question des jeux [1].

[1] On a comparé le jeu à la loterie. J'aime mieux le jeu.
Un homme politique a dit :
On confond le jeu avec la loterie. De là une erreur qui fait dévier tous les raisonnements.
Si le jeu se pratiquait comme la loterie et s'adressait aux mêmes classes de la société, il serait évidemment immoral et dangereux; mais, heureusement, il suit une route diamétralement opposée.
Le jeu s'adresse aux classes riches, la loterie s'adresse aux classes pauvres.
Le jeu a des éventualités inconnues, la loterie a des chances connues.
Le jeu est violent, passionné, dominateur; son entraînement donne le vertige. La loterie est insinuante, douce, perfide; sa modestie est fascinatrice.

Voici une vraie matière première. Vous avez cent sous dans votre poche, vous les jetez à la rouge. La rouge passe, vous avez dix francs. La rouge passe dix fois : faites le calcul.

Tout le monde ne peut pas jouer, tout le monde peut mettre à la loterie.

La différence est là.

Tout le monde ne peut pas jouer, — avons-nous dit.

En effet, pour aller à Spa, à Bade, à Hombourg, à Ostende, il faut de la fortune, il faut pouvoir perdre son temps, mener joyeuse et brillante vie. On ne joue pas du premier jour, on ne va pas au salon de jeu comme à un comptoir de banque.

L'homme riche s'éparpille, et la roulette n'est fréquentée qu'en dernier lieu.

Il faut donc une fortune considérable et des ressources importantes pour perdre galamment et laisser de côté tout désir de lucre.

Le joueur joue pour jouer, et non pour gagner toujours et quand même. Il connaît les éventualités du tapis vert, et compte avec elles; il les attend, il ne s'étonne nullement des déboires qu'il rencontre, car il les a prévus. Il est stoïque par indifférence pécuniaire. La ruine ne l'étonne nullement; il a compté avec elle, et n'a pas la fortune pour objectif.

Or, si vous rétablissez les jeux, c'est l'État qui jettera la pièce de cent sous, et qui la verra passer dix fois.

C'est une contribution plus logique que la plupart de celles qui sont proposées si timidement.

Tous les journaux s'en préoccupent. L'indigna-

L'obole offerte à la loterie représente une privation, une souffrance, presque une misère, et, jetée dans le gouffre, elle conduit à une misère inévitable et plus grande encore.

L'obole offerte à la loterie représente le nécessaire sacrifié.

L'argent donné au jeu représente le superflu abandonné.

Le premier est coupable, le second n'est que juste; car il est une des multiples applications de cette loi sociale qui veut le déplacement des fortunes.

Il ne faut donc pas condamner le jeu, mais il faut abolir la loterie.

Il ne faut pas blâmer le riche qui perd somptueusement son argent; il faut plaindre le pauvre qui livre son épargne.

Il ne faut pas prendre des mesures contre le premier, mais il faut mettre le second dans l'impossibilité de se suicider plus longtemps.

tion n'est plus qu'un vieux cliché mis au rebut ; — on ose aborder le côté pratique.

Plusieurs brochures ont déjà paru qui toutes prouvent que, puisque le jeu est le huitième péché capital, il vaut mieux le surveiller que de l'abandonner à lui-même dans les cercles et les tripots.

Aix-les-Bains croit déjà tenir son trente et quarante. Toutes les villes d'eaux pétitionnent. Mais si l'on doit rétablir les jeux, c'est à Enghien, parce que là surtout on prélèvera une contribution considérable. On ne parle pas moins de cent millions par an par le va-et-vient des choses.

Beaucoup de pétitions arrivent à l'Assemblée nationale avec les vœux les plus ardents des populations.

Selon ces pétitions, la question est tout à la fois politique, sociale, économique.

Politique, car sa solution résolûment adoptée peut venir singulièrement en aide aujourd'hui aux pénibles efforts que fait la France pour s'affranchir de lourdes charges — plus lourdes encore au point de vue moral qu'au point de vue financier;

Sociale, puisqu'il s'agit de toucher de nouveau à un mal qui est resté incurable, et dont les progrès intéressent vivement nos mœurs dans leurs bases essentielles : la famille et la propriété;

Économique, puisque le retour des jeux publics, affermés par l'État, peut assurer, soit au profit exclusif du Trésor, soit au profit exclusif des communes qui seraient dotées d'une ferme, des ressources considérables, dont l'emploi serait éminemment favorable à d'utiles institutions.

VIII.

Mais on parle d'une contre-pétition de MM. les agents de change. Ils ont peur que le jour où on laissera jouer officiellement au trente et quarante, on n'aille plus jouer à la Bourse.

Jamais on n'a tant joué en France : on joue à la Bourse, on joue au cercle, on joue à la loterie, on joue à l'or, on joue sur le turf, on joue chez soi, on joue chez les autres, on joue partout.

Mais, selon les premiers pétitionnaires, le trente et quarante est bien plus honnête que la Bourse.

Le joueur connaît ses chances : « Les avantages donnés au banquier par le *zéro*, à la *roulette*, ou le *refait*, au *trente et quarante*, résultent d'une convention qui a pour but seulement de permettre au banquier de payer ses frais de fermage, d'installation. La fraude est donc impossible, l'escroquerie ne peut s'exercer à aucun degré ; et si l'on dénonce chaque année dans les villes étrangères des pertes ou des gains considérables, on ne peut jamais incriminer ni la bonne foi du fermier des jeux, ni la loyauté du joueur.

« Sans les avantages du *refait* et du *zéro*, parfaitement acceptés, il ne serait pas possible de trouver un banquier pour tenir les jeux : la ruine serait le résultat de sa témérité, l'expérience ayant hautement démontré que le hasard répandait ses faveurs sur le joueur et sur le banquier d'une manière impartiale.

« En est-il de même à la Bourse ? Vous savez le contraire ; et si nous étions en présence, aujourd'hui, d'une pétition comme il en a été déjà fait contre les jeux de Bourse — que la justice condamne, puisqu'elle ne les reconnaît pas — nous serions tous forcés d'avouer que la Bourse de Paris cache plus de fraudes, enfante plus de désastres, à elle seule, que toutes les maisons de jeu d'Allemagne ! »

IX.

Causons un peu par chiffres :

Lorsque les jeux furent supprimés en France, les sept établissements qui existaient à Paris rapportaient par an, tant au Trésor qu'à la Ville, une somme de plus de huit millions.

Nous n'avons pas sous les yeux le texte de la convention du dernier renouvellement des fermes allemandes, Ems, Wiesbaden, Hombourg et Bade; mais nous croyons qu'elles étaient imposées pour environ trois millions de thalers, ou onze millions de francs.

Un député me disait à Versailles, pendant la discussion du budget de 1872 :

« Les compagnies qui demandent à s'établir

maintenant dans les stations thermales françaises offrent, du privilége seul, une somme de 100 millions, plus une redevance annuelle considérable, sans compter tous les millions qu'elles s'engagent à dépenser en palais ou en fêtes. »

On pourrait donc ainsi équilibrer le budget pendant deux ans sans avoir recours aux impôts, qui suscitent la plus vive opposition. Pendant ces deux années, les impôts déjà votés se seraient assis, et l'on connaîtrait leur rendement possible de façon à ne pas se tromper de 150 millions dans les évaluations budgétaires, comme il est advenu pour le budget de 1871.

En admettant qu'on en fît tout autre emploi, nous aurions toujours à inscrire soit au budget, soit à l'amortissement, une somme liquide de 100 millions, et à tous nos budgets ultérieurs, une annuité de plusieurs millions.

Mais ce n'est là que le côté fiscal de la question. Si nous l'envisageons au point de vue finandier, nous connaîtrons que la masse de capital métallique remuée par les jeux est des plus considérables. C'est surtout en raison de ce fait incontestable que les Allemands regrettent la décision qu'ils ont prise d'abolir les banques de jeu. La contribution qu'ils percevaient leur tient moins à cœur que ce flot d'or qui ruisselait sur les tables de la roulette, et surtout à côté.

On peut remarquer, en effet, que les gros joueurs sont en petit nombre, comme aussi les joueurs acharnés. La masse de ceux qui visitent les Thermes ne tentent la chance que par intervalles et dans des proportions fort modérées, de telle sorte que le jeu ne figure guère que pour un tiers ou un quart dans leur dépense totale. Combien de personnes même ne sont attirées dans les villes de jeux que par les établissements de luxe, dont la construction est imposée aux fermiers ou a paru un élément de succès, et n'ont jamais risqué la plus petite mise !

Considéré sous cet aspect, le jeu est un des plus puissants importateurs de métaux précieux.

X.

En France, d'ailleurs, les éléments de succès sont plus nombreux qu'en Allemagne. La langue, connue de tous les étrangers qui possèdent quelque éducation, le caractère des habitants, aptes à toutes les choses de goût et de confort, l'art décoratif et architectural qui, dégénéré sous bien des rapports, semble avoir conservé sa grâce et ses coquetteries pour les lieux de réunion et de loisir, la douceur et le facile accès des paysages même les plus pittoresques, font de nos stations thermales des séjours de prédilection pour l'étranger, à quelque nation qu'il appartienne.

Supposons Enghien, par exemple, à un quart d'heure de Paris par le chemin de fer, avec son lac, la forêt de Montmorency, la Seine à proximité, et ses environs, Sannois, Orgemont, Saint-Leu, Écouen ; n'est-ce pas une sorte de paradis retrouvé ? Ajoutons que l'eau est une eau sérieuse, douée de fortes vertus médicinales. Que manque-t-il à ce charmant coin de terre ? D'être loin de Paris ou plutôt d'être une station du trente et quarante.

La ville est-elle trop petite ? Les hôtels de Paris sont tout près.

Ceci est d'ailleurs l'affaire des concessionnaires, de savoir choisir, entre tant d'endroits, celui qui réunit le plus d'éléments de succès. Entre Enghien, Trouville, Bagnères, Vichy et Plombières, par exemple, ils peuvent partager l'année de telle sorte que les instincts vagabonds du touriste et les calculs superstitieux du joueur soient également satisfaits. Dans tous les cas, Paris retirera sa part de la dépense du voyage, et la France verra refluer le métal, sorti à larges flots.

Il ne faut pas oublier que tant que nous aurons le cours forcé, qui ne peut trouver son application au jeu que pour les payements de la banque et non pour la mise, ceux qui viendraient avec l'intention de tenter le sort devraient se munir de monnaie, ou en acheter ici à des industriels qui eux-mêmes en feraient venir de l'étranger dans ce but.

XI.

Le cours forcé n'est pas applicable à la mise, puisque la mise n'est pas le payement d'une dette, mais la proposition d'un pari. Au contraire, quand la banque paye, elle acquitte une dette, et le joueur heureux ne se rappelle guère ce que c'est que le change. Quant aux dépenses de séjou et de voyage, les plus importantes de beaucoup, tout le monde sait que la monnaie la plus commode en voyage est la monnaie métallique, dût-on payer le change au départ et au retour.

Que l'on suppute maintenant quel peut être le mouvement de capitaux privés pour une compagnie qui offre tant de millions du privilége et de l'exploitation : il lui faut au moins 15 millions de recette nette! Le gain de la banque n'étant que de 2 à 3 sur 36, suivant qu'on admet un ou deux zéros, il faut multiplier 15 millions par 18 ou par 12 pour avoir la somme remuée par le jeu seul, soit 180 à 270 millions.

En supposant la dépense de voyage et de séjour triple, on a une autre somme de 540 à 710 millions; ce qui fait au total 720 à 980 millions d'espèces mises en mouvement par le jeu et venant de l'étranger en France chaque année.

Ces chiffres, tout énormes qu'ils paraissent, sont cependant calculés sur un point de départ au-dessous de la réalité, et même de la possibilité ; car il n'est pas possible que la Compagnie fermière puisse se contenter de 15 millions de recettes nettes : ce ne serait pas l'intérêt à 6 % de son capital.

Et nous ne parlons pas aujourd'hui du travail créé par la Compagnie pour transformer en grandes villes des villes d'eaux qui ne vivent que deux mois par an.

Voyez d'ici Bade avant les jeux. Voyez Bade après les jeux.

XII.

La presse est à peu près unanime sur la question du Jeu et des Jeux.

Et encore le mot « à peu près » est de trop, car

je crois qu'il n'y a d'exceptions à cette unanimité que le journal de M. Mottu.

Il y a des gens qui s'imaginent se donner de grands airs d'austérité en frappant sur les passions; mais soyez bien sûr que ces gens-là ne passent pas à côté des passions.

Et d'ailleurs, hormis quelques esprits chagrins qui ont peur de tout, même du bien, tous les hommes pratiques d'aujourd'hui ont reconnu que la ferme des jeux réglementée sévèrement serait un bienfait pour la France, non-seulement comme appoint à la fortune publique, mais comme appoint à la morale publique, puisque le jeu au grand jour supprimerait tous les jeux clandestins.

Nous pourrions aussi donner l'opinion de Lamartine, d'Alphonse Karr, de Théophile Gautier, d'Edmond About, de Francisque Sarcey, d'Ernest Feydeau, de Proudhon lui-même, qui connaissait trop bien les lois de l'humanité pour vouloir frapper ses passions.

Ceux qui jouent, comme ceux qui ne jouent pas, disent ici que le mieux est l'ennemi du bien. Il n'y a en vérité que les politiques d'ancienne marque, les réformateurs puérils, les moralistes du petit bout de la lorgnette, qui voudraient s'opposer au retour des jeux, non pour obéir à leur conscience, mais pour se donner des airs de Caton le censeur.

XIII.

Bossuet a dit : « Il faut qu'il y ait des hérésies, pour la plus grande gloire de Dieu. »

Le Sage, qui avait le verbe moins haut, écrivait à son fils, archiprêtre de Boulogne : « Le péché des unes fait apprécier la vertu des autres. »

Candide ne trouvait-il pas que tout est pour le

mieux dans ce monde qui n'est pas le meilleur ?
Le Mal est le cadre du Bien.

Puisque Dieu n'a pas supprimé le mal, pourquoi l'homme voudrait-il supprimer les passions? Le grand art n'est pas de les tuer, mais de les conduire.

Le progrès n'est qu'une illusion des réformateurs si le progrès veut s'attaquer aux passions.

La passion du jeu a commencé avec le monde, parce que la vie est un jeu perpétuel. Sans parler ici du jeu de l'amour. Mais l'orgueil, mais l'ambition, mais la guerre, mais la politique, est-ce autre chose qu'un jeu, où tout le monde veut retourner le roi?

XIV.

On a beau vouloir que la fin du siècle soit sérieuse, il faut bien reconnaître que nous ne sommes pas absolument sur la terre pour nous crier les uns aux autres : « Frères, il faut mourir ! »

Il est beau de vivre par le devoir, par la charité évangélique, par toutes les vertus chrétiennes; mais, comme disait Rabelais, « il faut secouer gaiement sa misère. » Rabelais qui conseillait de danser et de rire — après boire.

Ne buvons pas, mais ne nous couvrons pas le front de cendres.

Un peuple est d'autant plus sérieux qu'il a ses quarts d'heure de plaisirs — et peut-être même ses quarts d'heure de Rabelais.

Nous avons aujourd'hui un rude quart d'heure de Rabelais : cinq milliards ! Mais tous ceux qui ont foi en Dieu et foi en l'humanité n'ont pas peur de cette échéance. Il faut subir tous les coups de cartes de la destinée. Puisque le jeu des choses nous a été si fatal, espérons que les atouts vont nous revenir au trente et quarante — en attendant le grand jeu des batailles.

ARSÈNE HOUSSAYE.

I.

LE JEU ET LES JEUX.

I.

Un certain nombre de municipalités, parmi lesquelles celle d'Aix-les-Bains figure en première ligne, demandent aujourd'hui le rétablissement des jeux en France. L'énormité des charges que la défaite impose au pays ; la nécessité et la difficulté de créer des impôts en harmonie avec ce fardeau écrasant de nos dettes et de nos ruines ; l'émigration forcée du métal vers les caisses du vainqueur, contre les conséquences de laquelle il importe de réagir d'urgence, par ce qu'on a appelé le drainage de l'or, tout concourt à mettre à l'ordre du jour l'abrogation de la loi du 18 juillet 1836, qui a aboli les jeux publics et la loterie.

Nous ne voulons pas examiner à cette place si, la convenance de revenir sur l'œuvre plus sentimentale que prévoyante du législateur de 1836 étant démontrée, il serait nécessaire d'abroger la loi qu'il a édictée, ou si la réserve contenue dans l'article 4 du décret du 24 juin 1806 concernant la même matière laisse encore aujourd'hui au gouvernement la faculté d'agir selon le conseil des circonstances et de sa raison. L'article en question réserve formellement au pouvoir exécutif « le droit de faire pour les lieux où il existe des eaux minérales, pendant la saison, et *pour la ville de Paris*, des règlements particuliers sur cette partie. » Il semble donc que l'on pourrait procéder soit simplement par application de l'article 4 du décret de 1806, soit législativement, par abrogation de la loi de 1836, si la convenance du rétablissement des jeux était un fait acquis. Mais, nous ne voulons pas discuter en ce moment la voie qu'il conviendrait de suivre si l'on se décide à réparer la faute de 1836. Cette question est secondaire, et voici le point principal du débat, le seul qui mérite vraiment de fixer notre attention : Oui ou non, l'institution des jeux publics est-elle favorable à la prospérité du pays? Oui ou non, est-elle contraire aux lois de la morale et de l'honneur?

II.

Je n'ai jamais vu deux avis sur la première question. Tout le monde tombe d'accord que les jeux sont une fontaine de prospérité pour les contrées que la loi leur permet d'arroser. Les statistiques les plus modérées évaluent à une moyenne de 60 millions par saison les sommes réalisées dans les six stations de bains germaniques où la roulette et le trente et quarante attirent l'univers depuis trente-trois ans que la France, par un bon mouvement de généreuse maladresse, a proscrit de chez elle la ferme des jeux. Trente-trois années à soixante millions par an forment un total de 2 milliards cent millions apportés à l'Allemagne par le flot aurifère des touristes de toute nation, vrai Pactole international dont les débordements l'ont fécondée comme fait le Nil pour les campagnes égyptiennes.

Par quel chiffre se traduirait aujourd'hui pour la France le bénéfice de la restauration des jeux, c'est ce qu'il est difficile d'imaginer avec quelque précision. On pourrait certainement compter sur un apport annuel d'argent étranger supérieur à 200 millions. De 1819 à 1837, la Restauration et la royauté de Juillet retirèrent directement de la ferme des jeux une somme de 138,316,381 francs 60 centimes. Quant aux bienfaits répandus sur toutes les industries par cette émigration des joueurs chez nous, comment les évaluer? J'ai toujours présente à l'esprit la légende des quinze cent mille francs laissés par Blücher en 1815, sur l'un des tapis verts du Palais-Royal. N'était-ce pas là une reprise de bonne guerre exercée par le vaincu sur un vainqueur insatiable? C'est la représentation, en miniature, de ce fameux drainage qu'il nous faut opérer aujourd'hui sur une large échelle si l'on veut reconstituer l'épargne française.

J'ignore quel fermage pourrait être aujourd'hui proposé à l'État par l'entrepreneur auquel serait confié le département des jeux, j'ai presque dit le ministère. Les concessionnaires de 1817, MM. de Chalabre, avaient consenti un bail de 5 millions, ce qui n'empêcha pas ces prédécesseurs de M. Bénazet père de réaliser une belle fortune en quelques années ; or, il est incontestable que la redevance actuelle, s'il s'agit des jeux de Paris, serait autrement sérieuse. La rapidité des communications et l'habitude des voyages ont absolument métamorphosé les conditions de 1817. La fée du Progrès matériel les a touchées de sa baguette magique. Nous voyons dans les journaux que M. Émile Dupressoir offre à la petite ville d'Aix-les-Bains un contrat de vingt ans à 150,000 francs par an, plus 10,000 fr. pour le bureau de bienfaisance. Il commencerait, en outre, par une avance de 700,000 fr. destinée à liquider les dettes municipales, de laquelle avance il se rembourserait en quatorze années, sans intérêt. Si telles sont les propositions faites à Aix-les-Bains, où l'année utile est loin d'avoir douze mois, comme à Paris, que n'offrirait pas, en proportion, des jeux de Paris un entrepreneur intelligent et magnifique ?

Il faudrait pourtant, quels que puissent être les profits d'un pareil contrat et si dévorants que

soient nos besoins, repousser cette tentation si
l'honneur en devait souffrir. Heureusement, par le
rétablissement des jeux, il n'y aura d'atteint que
le préjugé, qu'il ne faut pas plus confondre avec
l'honnêteté que l'hypocrisie avec la vertu et Tartufe avec un bon chrétien.

Je ne connais point, qu'il me soit permis de le
dire, de plus grand ennemi du jeu que celui qui
écrit ces lignes. En tant que le jeu reste dans les
limites bourgeoises de la partie de famille, nous le
considérons comme une des amusettes les plus
niaises auxquelles l'homme puisse perdre son
temps. Lorsqu'il arrive aux délires de la passion,
le gagnant et le perdant nous semblent presque
également dignes de pitié. Il n'est point, à nos
yeux, de vice moins intéressant et de folie plus
inexcusable. Sur l'échelle des ivresses, celle-ci
occupe le moins noble échelon. Feu Roqueplan,
le paradoxe fait homme, était là-dessus de notre
avis ; il arriva même, un soir, jusqu'à fulminer

devant nous cette énormité, en manière d'arrêt :
« Les tricheurs sont seuls pardonnables de jouer. »
C'est aller loin. Mais, moins le jeu est intéressant
à nos yeux, plus nous pensons qu'il est sain,
juste et moral d'en revenir aux jeux tributaires de
l'État. L'impôt immoral, l'impôt dont le fruit sent
mauvais aux yeux du vrai sage, ne saurait être
celui qui grève la démence. Puisque l'homme est
condamné à jouer comme à boire, à manger, à
dire et à faire des sottises, ce que peuvent faire
de mieux le législateur et le moraliste, c'est de
capitonner de précautions la maison où le joueur
exerce sa manie et de tirer le bien du mal en faisant concourir à la prospérité publique, à la richesse et à l'embellissement de la cité, à l'épanouissement de tous les arts l'aveugle qui se livre
aux abîmes du jeu.

III.

Je me rappelle un mot sage et profond de ce mordant esprit qui signait Timon ses pamphlets, et siégeait sous le nom de vicomte de Cormenin à la Chambre des députés sous Louis-Philippe. Lorsque ses collègues, excités par les déclamations creuses de MM. de Salverte, Leyraud, La Rochefoucauld, *Calmon* (il y avait déjà un Calmon en ce temps-là), eurent commis l'enfantillage de confondre le jeu et les jeux, et d'abolir ceux-ci dans l'espoir de refréner celui-là, quelqu'un dit à Timon : « Eh bien, moraliste, j'espère que vous serez content de nous, cette fois; nous avons bien mérité de la morale, en chassant les joueurs du temple de la patrie. — Hélas! répondit Timon, vous me faites l'effet de gens qui se flatteraient d'avoir supprimé la pluie, parce qu'ils ont interdit l'usage des gouttières. »

« M. de Cormenin était prophète en ne partageant pas l'illusion des réformateurs de 1836. On n'a jamais tant joué que depuis l'abolition des maisons de jeux privilégiées. Seulement les cercles, pour la bonne compagnie, et les tripots clandestins pour le fretin, ont remplacé la Société officielle des jeux de France. L'étranger d'une part, de l'autre les braconniers du tapis vert, ont seuls profité. La morale ne gagna pas plus au bannissement que la révolution n'avait gagné, sous Louis XIV, à la révocation de l'édit de Nantes. Celui-ci avait fait sortir du royaume quantité de travailleurs protestants qui s'en allèrent porter leur industrie en Hollande, en Prusse, en Angleterre. De même quand la roulette s'expatria; la France en fut plus pauvre, mais non pas plus vertueuse. »

HENRI DE PÈNE.

II.

LES COURSES ET LES JEUX.

Pourquoi appelle-t-on le *Derby* une course qui se passe à Chantilly, et avec laquelle lord Derby et la ville de Derby n'ont rien à démêler? C'est peut-être parce que le nom de Chantilly a un air trop orléaniste; mais alors il faudrait aussi changer le nom de la dentelle de Chantilly. Enfin, puisque Derby il y a, le Derby d'hier a été fort brillant et *Révigny* a battu *Little-Agnès*, c'est-à-dire que deux millions à peu près ont été gagnés par les uns et perdus par les autres dans la dernière des réunions du printemps.

N'allez pas croire que cette somme ait été tout simplement échangée entre les mains de quelques membres du Jockey-Club et de quelques autres Parisiens de profession. Le plus fort appoint a été fourni par ce que nous appellerons, par déférence pour MM. les humanitaires, le jeu démocratique. Les florissantes agences de courses qui étalent boutique depuis le boulevard Montmartre jusqu'au boulevard de la Madeleine et promènent fastueusement sur les routes leurs voitures à quatre chevaux, ont apporté sur le tapis vert de la pelouse de Chantilly les trois quarts au moins des deux millions dont il s'agit.

Je ne puis pas faire entrer en ligne de compte les chiffres qui échappent absolument à la statistique : par exemple les pièces de quarante sous qu'on parie entre soi; l'argent emporté par les filous patentés que la Société d'encouragement a le tort de tolérer dans l'enceinte du pesage sous le nom de parieurs anglais, et qui sont une variété du pick-pocket; je ne puis pas non plus calculer les sommes que les petites dames ont extraites des poches de leurs amis au moyen de ce pari simple, mais productif, qui consiste à encaisser quand on gagne et à ne pas payer quand on perd. Rien de tout cela ne peut être considéré comme du jeu : c'est l'argent qui tombe de votre poche ou qu'on y prend.

Mais l'argent qui se gagne ou qui se perd aux agences, n'est-ce pas bel et bien du jeu ? et du jeu organisé, ostensible, reconnu ? Vous allez me dire tout de suite que ce n'est pas un jeu comme un autre ; que Chantilly ou même Longchamp sont déjà loin de Paris; que les courses ont lieu les jours de fête seulement. Je vous répondrai que les agences ont leurs bureaux en ville, qu'on y parie sans avoir besoin d'aller voir courir ses cartes — je veux dire ses chevaux ; — que les paris sont ouverts toute la semaine, non-seulement sur les courses de France, mais sur toutes les courses de l'é-

4

tranger; enfin que, quelque honnêtes que soient ces maisons de jeu hippique, elles laissent beaucoup à désirer sous le rapport des garanties, et ont le tort immense de ne rien rapporter à l'État, qui a bien besoin d'argent.

Oui, il faut revenir sur cette question du jeu que messieurs les économistes traitent du haut de leurs in-folios poudreux et de leurs soporifiques brochures. Les homicides articles de la *Revue des Deux Mondes*, qui attristent tous les mondes possibles, n'arriveront jamais à prouver que l'État peut supprimer le jeu plus que le tabac. Ils prouveront encore moins que l'État n'a pas le droit, surtout dans le moment que nous traversons, de prélever un impôt sur un luxe qu'il serait d'ailleurs facile de réglementer.

Les économistes sont de singulières gens lorsqu'il s'agit d'appliquer leurs théories.

Ils sont des hommes d'un tempérament spécialement parlementaire, et c'est pour cela qu'ils ont été en si grand honneur de 1830 à 1840.

Ils affichent hautement le grand principe de leur maître Jean-Baptiste Say : « Laissez faire ! laissez passer ! » Mais comme en même temps ils se piquent d'être des moralistes, ils renient immédiatement leur principe dès qu'ils croient y voir un danger pour ce qu'ils appellent la vertu.

Sous ce rapport, ils sont bien du commencement du règne de Louis XVI, époque de la naissance des économistes. Ils sont sensibles. Ils couronnent volontiers des rosières et veulent « protéger les mortels contre leurs propres entraînements. »

Ils disent bien : « laissez faire, laissez passer ! » quand il faut signer un traité de commerce tellement peu avantageux pour nous, que nous ne cherchons aujourd'hui qu'à le rompre honorablement; mais s'il est question non plus de donner son argent aux étrangers, mais de prendre aux étrangers leur argent, comme cela aurait lieu par l'établissement du jeu public, c'est autre chose. Ils se drapent dans des manteaux philosophiques brodés de phrases scandées et constellées de points d'interjection.

Eh bien, je vais les étonner, ces graves législateurs de cabinet, pour qui la réalité des choses n'est qu'un rêve. Ils vont être très-surpris d'apprendre que la roulette a été établie par le gouvernement français depuis plusieurs années, qu'elle fonctionne sous l'œil de l'autorité, et qu'elle rapporte bon an mal an à l'État la bagatelle de six millions de francs.

Où se trouve cette roulette-là ? Mon Dieu, c'est un peu loin, j'en conviens : c'est dans notre possession de Saïgon, en Cochinchine. Je viens de voir un monsieur qui a gagné quelques milliers de francs à cette roulette-là. Il est très-facile de se rendre compte du mouvement d'argent qui se fait au jeu de Saïgon. Le système de la banque diffère un peu de celui des banques européennes. Il y a des paris à égalité entre les joueurs, et au lieu de refait, le banquier prélève sur le gagnant un droit de dix pour cent. J'ai dit que les paris étaient à égalité. Or six millions, recette avérée de l'État, représentent soixante millions gagnés, c'est-à-dire cent vingt millions joués.

Cent vingt millions, c'est une assez jolie somme pour Saïgon, où les princes russes sont rares et où les garçons de la Banque de France ne vont guère vider leur portefeuille. Mais il faut compter sur bien plus de cent vingt millions, si l'on veut calculer le mouvement d'affaires apporté dans la colonie par les maisons de jeu.

Il est vrai que si tel économiste a un fils dont il veuille achever l'éducation, il ne l'embarquera plus pour les Grandes-Indes, après cette terrible découverte.

Mais, me diront les économistes moralistes, cela se passe à Saïgon, et Saïgon n'est pas tout près de Paris.

Mais, répondrai-je aux économistes moralistes,

est-ce que le gouvernement français a d'autres principes en Cochinchine qu'en France? Ne proclamez-vous pas solennellement vous-mêmes que les lois morales sont les mêmes sur tout le globe? Comment admettrez-vous que ce qui est tout naturel à Saïgon devienne criminel à Paris?

Je vois bien d'ici un de mes moralistes qui va s'humaniser et me dire tout bas qu'à Saïgon c'est l'argent des Chinois que nous prenons. — Mais je crois qu'à Paris, ou près de Paris, comme vous voudrez, nous prendrions l'argent des Brésiliens, des Russes, des Anglais, des Allemands et même des Chinois.

Il faudrait peut-être nous défaire de nos préjugés économiques, qui sont ruineux. Les économistes ont été un des engouements de la France, comme les élèves de l'école polytechnique. Tout le monde sait que les polytechniciens, en sortant de l'école, sont obligés de s'en rapporter au premier maçon venu pour la construction de la moindre passerelle, et que les logarithmes ne leur ont pas appris comment on pointe un canon. Il en est de même des économistes.

Lorsqu'on construisit le chemin de fer de l'Est, on croyait encore aux économistes. La Compagnie crut faire une acquisition immense en s'adjoignant M. Léon Faucher, auteur de volumes d'économie considérables — par leur volume. On demanda tout de suite à M. Léon Faucher quel était le moment favorable pour acheter les fers nécessaires aux rails et aux machines. M. Léon Faucher prononça son oracle — et la Compagnie perdit un nombre respectable mais douloureux de millions.

Il n'y avait rien à dire : on s'était conduit selon les lois de l'économie politique.

Cependant les économistes continueront à démontrer qu'il vaut mieux se ruiner, suivant leurs capricieux principes, que s'enrichir en écoutant les conseils des hommes pratiques.

H. DE CALLICAS.

III

OPINION DES JOURNAUX.

I.

LE MONITEUR.

UNE QUESTION MORALE ET FINANCIÈRE.

L'Assemblée nationale va être saisie prochainement d'une question qui présente beaucoup d'intérêt : nous voulons parler de la question des jeux. Elle nous a paru assez importante, en présence des charges qui pèsent sur notre budget, pour mériter une étude spéciale, dans laquelle nous n'avons cherché que la vérité et la conciliation de tous les principes.

Les jeux publics ont été abolis en France par une loi votée au mois de juin 1836, et, depuis cette époque, ils n'ont jamais été rétablis.

Plus d'une fois cependant on a pensé à les autoriser de nouveau en les soumettant à une réglementation mieux conçue, mais tous les gouvernements en ont été détournés par des considérations morales, et se sont arrêtés devant des objections plus ou moins fondées. Les nécessités financières n'étaient pas telles qu'on fût impérieusement obligé de recourir à tous les moyens pour grossir les recettes, et, quand le pays était en pleine prospérité, l'État mettait une sorte de coquetterie à dédaigner des ressources accessoires. Malheureusement, la situation est aujourd'hui bien changée, et la grande, presque l'unique préoccupation des législateurs de 1872, est d'équilibrer un budget grevé de charges énormes par nos désastres. Un peuple placé en face d'une contribution de guerre de cinq milliards, à payer dans un délai très-court, n'a pas le droit de rejeter sans examen les propositions qui tendent à augmenter ses revenus.

A ce titre, la question du rétablissement des jeux s'impose d'elle-même, et il serait puéril de la laisser de côté sous prétexte d'indignité. Ce n'est pas à dire pour cela qu'il faille trancher dans un sens ou dans l'autre sans avoir pesé mûrement toutes les raisons qui militent pour ou contre la loi de 1836 ; mais personne ne méconnaîtra qu'il y a là matière à une étude sérieuse.

Cette vérité une fois admise, il devient intéressant de se rendre un compte approfondi des causes et des effets de la suppression des jeux publics.

Pour commencer ces recherches, il faut d'abord se reporter à la discussion des Chambres qui votèrent cette mesure sous la monarchie de Juillet. Dans les discours qui furent alors prononcés à la tribune législative, on retrouve surtout la trace d'un grand mouvement de l'opinion publique de ce temps-là. La passion du jeu y fut attaquée avec une grande énergie, et les orateurs se livrèrent, pour la flétrir, à des considérations de l'ordre le plus élevé. Ils allèrent même jusqu'à accuser le jeu de tous les maux inhérents à la nature humaine, et ils dépassaient peut-être le but en faisant de ce vice honteux une sorte de bouc émissaire, car l'homme en nourrit bien d'autres dont les suites ne sont pas moins désastreuses; mais cette partie de leur argumentation subsiste dans toute sa force, car la morale est éternelle et elle réprouve le jeu sous toutes ses formes. Seulement, leur éloquent plaidoyer péchait par un point capital.

« L'abolition des jeux publics, disaient-ils, étouffera le funeste penchant qui les alimente. En fermant les maisons autorisées, nous guérirons du même coup les vicieux qui les fréquentent. L'avenir prouvera que le mal tenait uniquement à la tolérance que nous voulons faire cesser. »

Hélas! l'avenir a répondu, et il a démontré que ces espérances procédaient de la plus noble, de la plus généreuse, mais aussi de la plus complète de toutes les illusions. Un médecin peut diagnostiquer à merveille une maladie et se tromper cependant sur le remède. Ce fut le cas des législateurs de 1836.

En effet, on ne décrète pas la vertu, comme on a pu naguère, dit-on, décréter la victoire. On ne biffe pas une passion du cœur de l'homme comme on biffe un article dans un règlement. Il en est du jeu comme de tous les autres vices, qu'il faut contenir et surveiller, mais qu'il serait chimérique de prétendre détruire. La compression produit les mêmes effets dans l'ordre moral que dans l'ordre physique, et chacun sait que les machines à vapeur éclateraient, faute d'une soupape de sûreté. On prévient les inondations par l'endiguement des fleuves et non par des barrages, qui ne retiennent les eaux que pour les rendre plus furieuses.

Aussi la suppression des jeux autorisés et *réglementés* fut-elle le signal d'un débordement de la passion du jeu sous les formes les plus diverses. Les spéculations de Bourse, les émissions de valeurs à primes et à lots, les loteries plus ou moins déguisées sous le couvert d'œuvres utiles, vinrent s'offrir comme autant de dérivatifs à la fièvre qu'on avait cru couper par un vote. On n'alla plus risquer son argent au Palais-Royal ou à Frascati, mais on courut se ruiner dans le temple grec qu'on avait élevé à la déesse Fortune au bout de la rue Vivienne. Là, on ne se contente plus d'une séance de quelques heures autour d'un tapis vert. Acheteurs et vendeurs à terme jouent nuit et jour, puisqu'une dépêche télégraphique peut à toute minute les élever à l'opulence ou les plonger dans la misère. Quant aux valeurs à tirages périodiques, leur succès se fonde si bien sur le goût du jeu, qu'on en vient à trafiquer ouvertement des chances attachées au numéro d'une action. Nous laissons de côté les paris sur les courses de chevaux, qui, dans ces derniers temps surtout, ont pris des proportions excessives, tiennent boutique ouverte sur nos boulevards et se transportent sur le turf.

Ainsi le jeu reparut sous mille travestissements, pareils à ces sources dont on bouche l'orifice naturel et qui vont sourdre plus loin par d'innombrables fissures. Mais ce ne fut pas tout, et la loi de 1836 eut des conséquences plus immédiates et plus fâcheuses. Les maisons autorisées étaient fermées, les tripots déguisés ou clandestins s'ouvrirent.

Il y en eut pour toutes les classes et pour toutes les fortunes, car les joueurs se divisent en deux catégories, ceux qui sont riches et ceux qui pour satisfaire leur vice exposent leur pain quotidien.

Les premiers n'eurent que l'embarras du choix. Les cercles, presque inconnus en France avant

1836, se fondèrent alors par centaines et leur ouvrirent leurs portes à deux battants. L'été, les casinos des bains de mer et des villes d'eaux se peuplèrent d'industriels cosmopolites prêts à offrir à tout venant des parties suspectes. Et il serait naïf de croire que dans ces clubs, dont les hommes les plus graves et les plus haut placés ne dédaignent pas de faire partie, le jeu soit moins périlleux que dans les établissements publics.

D'abord, il y est beaucoup plus fort. Cette affirmation, qui surprendra peut-être quelques lecteurs, serait bien facile à prouver par des exemples. Personne n'ignore que la ferme des jeux n'accepte pas les mises qui dépassent un certain maximum. Dans les cercles, les enjeux sont à peu près illimités. On en cite où un seul joueur a pu perdre en une seule nuit *neuf cent mille francs*. Mais ils présentent encore un danger bien autrement redoutable : *on y joue sur parole*. Ces simples mots contiennent le germe de plus de ruines et de honte que tous les règlements de toutes les maisons de jeu d'Europe.

On répète les histoires légendaires des décavés se brûlant la cervelle sur les marches du cent treize ou se pendant aux arbres du parc de Hombourg ; mais demandez aux pères déshonorés par leurs fils, aux femmes réduites à la misère par leur mari, ce qu'ils pensent de ces parties élégantes où, en inscrivant un chiffre au crayon sur un morceau de carton, on peut créer et perdre en quelques heures des valeurs qui représentent un patrimoine. Du reste, pour faire toucher du doigt la différence entre les deux systèmes, il suffit de rappeler qu'on ne peut exposer au jeu public que de l'argent comptant, et que personne n'a toute sa fortune dans son secrétaire, tandis que dans les cercles on peut jouer ses rentes, ses maisons, ses terres, et, ce qui est bien plus terrible encore, on peut jouer ce qu'on ne possède pas.

Les sages qui vivent loin de ces entraînements

croient qu'un club est un lieu de réunion où un galant homme entre pour jouir de la conversation, de la lecture et de l'honnête divertissement d'une partie de whist ou de billard. A ceux-là il faut conseiller de se renseigner auprès d'un membre d'un cercle quelconque, et de lui demander si ce cercle pourrait subsister sans le produit énorme des jeux de hasard. On pourrait lui en citer un — et ce n'est pas le plus riche de Paris — où les cartes rapportent au fonds social 500 francs par soirée.

Et maintenant, si sur ce point la cause est entendue, qu'on ne s'imagine pas que le mal soit limité à Paris ou aux grands centres de population. Il n'y a aujourd'hui si petite ville qui n'ait son cercle artistique, littéraire ou philharmonique, et ces dénominations variées cachent invariablement le même but d'association, qui est le jeu. Il serait facile d'écrire ici le nom d'un chef-lieu de département du Midi où un cercle, voué, je crois, à la philologie, a bouleversé toutes les fortunes à vingt lieues à la ronde. Qu'on ne croie pas non plus qu'à Paris les gens riches se soient contentés des clubs autorisés. Il s'est formé ailleurs des parties moins régulières encore.

Tantôt, c'est une société de gens du même monde qui se réunit hebdomadairement dans un cabinet de restaurant pour se livrer après dîner une bataille d'où on peut sortir ruiné par un ami; tantôt, c'est un spéculateur hardi qui, fondant sa fortune sur le calcul des probabilités, ouvre son salon à des joueurs choisis et rétablit à son profit la ferme abolie en 1836. Celui-là, on n'a même pas pu l'inquiéter, quoique tous les riches viveurs de notre temps l'aient connu, car sa partie n'était pas publique et il y recevait les plus hauts personnages. Aussi a-t-il laissé six millions à ses héritiers, sans avoir jamais payé un sou d'impôt à l'État.

Après avoir fait la part des riches dans ces

désordres nés de la suppression du jeu légalement surveillé, il faut voir ce qu'a produit cette mesure pour les joueurs des catégories inférieures.

Ceux-là vivent de revenus modestes, quelquefois même de leur travail, et ils ne peuvent prétendre à entrer dans les salons luxueux du *Jockey*, du *Sporting*, du *Moutard*, ou du *Mirliton*. Pensez-vous que, faute de cette facilité, ils ont renoncé à ce vice qu'autrefois du moins ils ne pouvaient satisfaire que sous le contrôle d'une administration sérieuse et sous l'œil vigilant de la police? Croire cela, ce serait bien mal connaître les passions humaines. L'interdiction les irrite, l'obstacle les excite.

Le joueur pauvre ne se jette pas comme le riche dans les écarts du vice doré; il n'a pas la ressource des cabinets de restaurant et des sociétés particulières. Mais ce qu'il ne trouve pas à côté de lui, il le cherche plus bas. Il descend, il descend encore, il descend toujours, jusqu'à ce qu'il ait trouvé à satisfaire la passion qui le pousse. Le club pour lui, c'est le tripot. Il joue dans un cabaret, dans une soupente, dans une cave. Peu lui importe la compagnie, pourvu qu'il y ait des caves. Il s'assied à côté d'êtres abjects, il convoite l'argent des filles perdues et ne refuse pas l'enjeu des goujats. Dans ces lieux infects, on ne joue pas sur parole, c'est vrai, mais on triche. Les escrocs forment le fond de la clientèle des immondes publicains qui tiennent ces bouges.

Les malheureux que leur horrible penchant entraîne là savent qu'ils seront volés, dépouillés jusqu'au dernier sou, et cependant ils y retournent, et les plus honteuses mésaventures ne les corrigent pas. Chaque fois que la police jette son filet dans cette fange, elle capture les mêmes dupes et les mêmes filous. Quelle preuve plus forte de l'impossibilité d'abolir le vice que cette persistance dans l'avilissement, que cette obstination à chercher la ruine ! Et qu'on ne s'y trompe pas, le mal est aussi grand en bas qu'en haut. Par cette raison que les joueurs riches sont en minorité, on ne trouverait peut-être pas cent cercles à Paris, mais on y compte de *trois à quatre mille* tripots ou maisons secrètes.

La conclusion qui ressort de cet ensemble de faits malheureusement trop authentiques, c'est que la loi de 1836 n'a pas atteint son but, et que les ravages de la passion se sont étendus au delà de toute mesure, dès qu'on a cessé de la réglementer.

C'est la législation qui a changé, ce ne sont pas les mœurs.

Il reste maintenant à examiner si le rétablissement des jeux remédierait au mal, et dans quelles conditions ce rétablissement pourrait être admis.

La question est grave, complexe, et mérite d'être examinée.

Les moralistes les plus sévères sont certainement d'accord avec nous pour reconnaître et déplorer les abus que nous venons de signaler. On joue toujours, personne ne le conteste, on joue partout, sans limite, sans contrôle et sans profit pour l'État. Le seul point sur lequel on peut différer d'opinion, c'est celui de savoir si, pour guérir le mal, il est indispensable de recourir à une médication qu'on pourrait appeler homœopathique. Faut-il traiter le jeu par le jeu, ou, en d'autres termes, faire la part du feu pour sauver la maison, ou bien vaut-il mieux s'en prendre tout simplement aux cercles et aux tripots, en disciplinant les uns et pourchassant les autres?

De très-bons esprits penchent pour ce dernier parti, et pensent qu'il suffirait d'interdire le jeu dans les cercles et de traquer les bouges clandestins pour en finir avec le vice. C'est encore là une illusion, très-respectable assurément, mais une pure illusion.

Interdire le jeu dans les cercles ! mais c'est fait

depuis longtemps. Lisez le règlement du premier club venu, et vous y verrez un article ainsi conçu : « Les jeux de hasard sont absolument défendus. » Cet article, qu'on viole régulièrement tous les soirs, chargerez-vous l'autorité d'en assurer l'application ? D'abord, la mesure serait d'une légalité contestable, attendu qu'un cercle où on n'est admis qu'au scrutin et sous la condition d'une honorabilité parfaite n'est point un lieu public, mais une réunion privée où la police n'a rien à voir. Ensuite, si, par impossible, on parvenait à y placer des surveillants officiels, il arriverait que personne ne consentirait à faire partie d'une association soumise aux mêmes obligations que les condamnés libérés. Or, les cercles ont aussi des abonnés qui ne jouent jamais. On vexerait donc par ces procédés beaucoup d'hommes respectables et la morale n'y gagnerait rien, car les joueurs dispersés trouveraient le moyen de se réunir ailleurs.

En ce qui concerne les tripots, l'action de la police est tout aussi impuissante. Depuis des années, un service spécial est chargé de leur donner la chasse. Un commissaire choisi parmi les plus intelligents dirige un nombreux personnel dont l'unique mission est de rechercher les maisons secrètes. Cela constitue une véritable armée qui est constamment en campagne contre les partisans du vice, qui les poursuit à outrance, qui force impitoyablement leurs repaires et qui livre ses prisonniers à toute la sévérité des lois. Eh bien ! cette organisation si parfaite ne suffit pas. C'est tout au plus si ces agents dévoués, actifs et habiles, parviennent à contenir le débordement de la plus vivace de toutes les passions. Quant à fermer cette plaie sociale, ils ne l'espèrent pas. Pour un tripot qu'ils détruisent, il s'en reforme dix. Vous pourriez doubler, tripler la surveillance que vous n'arriveriez jamais à saisir le dernier habitué de ces cavernes, car le jeu est une hydre dont les mille têtes repoussent après qu'on les a coupées.

Ainsi, l'expérience démontre que toute action administrative et directe est inefficace, aussi bien contre les grosses parties des clubs que contre les basses filouteries des tripots.

Maintenant, serait-il possible d'atteindre le but par des mesures fiscales? Faut-il croire qu'un impôt sur les cartes, par exemple, éloignerait du tapis vert les joueurs de toute catégorie? En taxant les instruments du vice, frapperait-on le vice lui-même? La réponse est facile, car chacun sait que cet impôt a toujours existé et qu'il vient d'être considérablement augmenté, sans que, pour cela, la consommation ait diminué. On peut hardiment affirmer que, la régie fît-elle payer un jeu de cartes vingt francs, les choses ne seraient pas sensiblement modifiées. Dans les bouges on échapperait à la taxe en renouvelant moins souvent les cartes, dans les salons dorés on élèverait les enjeux, et, plus les cartes coûteraient cher, plus on jouerait gros. Le résultat le plus clair de l'élévation des droits serait de surcharger une industrie qui occupe en France de nombreux ouvriers.

De toutes ces impossibilités de répression, on doit conclure que le monstre est invulnérable, quand on l'attaque de front. Mais puisqu'on ne peut pas le détruire, il faut du moins chercher à circonscrire les ravages qu'il exerce. Si on pouvait arriver à ce résultat en rétablissant les jeux, devrait-on reculer devant des considérations abstraites, et sacrifier l'intérêt général à des répugnances moins raisonnées qu'instinctives? Il est évident au contraire que les adversaires les plus déterminés des jeux publics n'hésiteraient pas alors à les proscrire, et que, mieux informés par un essai de trente-cinq ans, les législateurs de 1836 eux-mêmes, s'ils vivaient encore, reviendraient de leurs préventions.

Or, il y a des motifs très-sérieux pour croire que le rétablissement de la ferme atténuerait considérablement le mal, et le premier de tous ces motifs, c'est qu'en tolérant ouvertement le jeu, on lui enlèverait l'attrait du fruit défendu. Le cœur humain est ainsi fait, qu'il s'enflamme surtout pour les jouissances interdites. Quand on peut satisfaire largement ses goûts, la satiété vient vite, et il y a longtemps qu'en Amérique on guérit les ivrognes en les nourrissant de mets imprégnés d'eau-de-vie. Mais, à cette raison fondée sur la philosophie des passions, viennent s'en ajouter d'autres tirées de l'observation du caractère des joueurs. Ceux qui hantent les bouges ténébreux les abandonneraient certainement pour les maisons publiques, où ils seraient sûrs de n'être ni volés par des escrocs, ni arrêtés par la police. Ils joueraient encore, mais du moins ils ne contribueraient plus à entretenir ces foyers de corruption où on commence par être dupe et où on finit par devenir coquin. Quant aux habitués des cercles, il est probable qu'ils ne renonceraient pas à y passer leurs soirées, mais tous les joueurs savent calculer, et bien peu préféreraient aux chances régulières et aux enjeux limités de la ferme les entraînements et les mécomptes des parties sur parole.

Si donc on veut bien admettre que, sous le régime inauguré en 1836, le mal, au lieu de diminuer, s'est accru dans des proportions effrayantes, si on reconnaît qu'il vaut mieux réglementer le vice et le traîner au grand jour que de le laisser se cacher dans l'ombre, il suffira d'examiner la question au point de vue financier pour se convaincre des avantages que présenterait au pays le rétablissement des jeux.

Accablée par l'écrasant fardeau que lui a légué une guerre désastreuse, la France demande des ressources à tout ce que son sol et son industrie produisent d'imposable. On en est venu tout récemment à proposer de grever les matières premières ; les impôts indirects sont à peu près doublés, et il n'est guère de denrée qui ait échappé à une surtaxe. Le fisc a été contraint à ne pas dédaigner même les allumettes. Et cependant on n'est pas encore parvenu à équilibrer les recettes avec les énormes dépenses d'un budget surchargé d'une rançon de cinq milliards. En présence de nécessités aussi formidables, un impôt qui produirait de six à douze millions fournis par une contribution volontaire, sans frapper aucun produit national, ne peut pas être rejeté, à moins de motifs très-graves.

La seule objection qu'on puisse lui opposer avec quelque apparence de raison est encore empruntée à cette morale conventionnelle qui interdit à l'État de mettre les passions en coupe réglée. La France, prétend-on, se déshonorerait en descendant à de semblables expédients. Mais pendant un demi-siècle, et sous trois ou quatre gouvernements, les jeux ont contribué à alimenter le Trésor public, sans que la source à laquelle elle puisait une partie de ses revenus ait déconsidéré la nation. Les conditions ont-elles changé et l'honneur de la France est-il devenu si susceptible qu'il suffise pour l'entacher d'une mesure fiscale ? La régénération de notre pays tiendrait-elle à une question d'impôts ? Veut-on soutenir qu'un peuple qui taxe les jeux ne peut pas se relever, et que l'argent prélevé sur le vice ne saurait servir à payer l'armée de la délivrance ? Hélas ! nous venons d'apprendre à nos dépens que le *trente et quarante* n'empêche pas les progrès de l'artillerie. Il y avait longtemps que les jeux étaient interdits en France, quand nous avons été battus par l'Allemagne qui les tolérait chez elle depuis trente ans. D'ailleurs, en laissant de côté ces considérations qui n'ont pas même le mérite d'être spécieuses, on peut s'appuyer sur une comparaison d'un ordre moins élevé, mais beaucoup plus positive. En votant les derniers impôts, l'Assemblée, avec beaucoup de raison, n'a pas cru devoir exempter de la taxe les cartes, les dominos et le billard. Par ce seul fait la question me semble tranchée, mais ce n'est là que son petit côté.

En effet, les douze millions que payeraient les jeux n'auraient qu'une bien mince importance auprès des sommes énormes que le rétablissement de la ferme amènerait en France. Ce sont de véritables flots d'or qui, depuis 1837, roulent en Allemagne apportés par tous les joueurs opulents de l'Europe. Ce Pactole reprendrait bientôt le chemin de notre pays. Les séductions de la Forêt-Noire et des bords du Rhin ne retiendraient pas longtemps les riches étrangers, et la somme qu'ils répandraient sur la terre française pourrait sans exagération être évaluée à 200 millions. Devant de pareils chiffres, on ne peut parler que pour mémoire des avantages secondaires que nous retirerions de ce déplacement d'une des grandes sources de richesse de la Prusse rhénane. Églises construites, écoles et hôpitaux fondés et dotés, routes ouvertes, tels sont, — sans compter les encouragements aux arts et les fêtes musicales, etc., — les bienfaits qui suivent le courant cosmopolite.

Il ne reste plus maintenant qu'à examiner dans quelles conditions les jeux pourraient être rétablis, et le moment est venu de parler des dangers qu'ils présentent. Il serait puéril de contester qu'il en existe et même d'assez sérieux. Le plus grave de tous, c'est assurément la tentation que les facilités offertes par le jeu public présentent aux garçons de recette, aux commis en tournée de recouvrement, à tous ceux en un mot qui circulent dans les rues porteurs des deniers d'autrui. Ils passent, la sacoche à l'épaule ou le portefeuille dans la poche; la maison est ouverte à tout venant, ils montent, ils jouent, ils perdent, et le jeu compte une victime de plus. On pourrait opposer à ce tableau sinistre les règlements, qui ont toujours été très-sévères et qui n'admettent au jeu ni les mineurs, ni les employés de banque; on pourrait affirmer que la surveillance la plus active est sans cesse exercée sur le personnel qui fréquente la maison; mais il peut arriver que toutes ces précautions n'empêchent pas un malheur, et il suffit que ce malheur soit possible pour que les jeux doivent être éloignés des grands centres de population. Dans une petite ville, tout péril de ce genre disparaît, par la raison que tous les habitants se connaissent. C'est donc seulement dans les localités sans importance, comme les bains de mer et les eaux minérales, que la ferme pourrait être autorisée à s'établir.

La question, qui sera sans doute débattue prochainement à la tribune, a été portée devant l'Assemblée nationale par voie de pétition. Dix conseils municipaux, cédant aux instances de leurs administrés, lui ont adressé des demandes revêtues de milliers de signatures et tendant à obtenir un établissement de jeu. Presque toutes sont appuyées de considérations très-puissantes et parfaitement motivées. On voit par là que le mouvement de l'opinion commence à se dessiner très-nettement en faveur de la mesure. Dix communes de France ne se décident pas à solliciter une autorisation de ce genre sans y avoir mûrement réfléchi, et il est certain que la Chambre devra tenir grand compte des projets qui lui sont soumis. Il serait prématuré de préjuger le résultat de la discussion qui s'ensuivra, mais il est permis d'indiquer les bases sur lesquelles l'autorisation pourrait être accordée.

Le gouvernement, après avoir concédé le privilége des jeux, désignerait un certain nombre de communes appelées à bénéficier de la nouvelle loi. Les conseils municipaux intéressés seraient consultés, et, en cas de refus de leur part, les communes désignées seraient rayées de la liste. Les dispositions de police adoptées avant 1836 pour l'accès des maisons de jeu seraient revisées et rendues plus sévères. Sur les revenus fixes assurés aux communes par le fermage des jeux, il serait prélevé un tiers pour le département et un tiers pour le trésor public. La part des communes serait affectée de préférence à la création de nouveaux établissements de bienfaisance ou à l'entretien d'œuvres déjà fondées.

Telles seraient à peu près les conditions sous lesquelles les jeux publics pourraient s'ouvrir de nouveau sur le sol français, auquel ils apporteraient un incontestable élément de prospérité.

Les deux aspects de la question que nous venons d'envisager ici sont étroitement liés l'un à l'autre, quoique parfaitement distincts. En effet, l'avantage financier que présente le rétablissement de la ferme ne saurait être mis en doute, mais le point de vue moral doit assurément dominer le point de vue d'intérêt matériel. S'il est démontré que les jeux publics sont moins dangereux pour la société que l'état de choses actuel, il n'y a point à hésiter, il faut les rétablir, car la France a besoin d'argent.

L'Assemblée nationale en décidera, mais en attendant, il est curieux d'observer l'effet produit sur les Allemands des bords du Rhin par la nouvelle du projet français. L'année dernière, nos voisins en étaient aux idées qui avaient cours chez nous en 1836. Ils ne parlaient que de purger leurs casinos, et ils finirent par décider la prochaine suppression de la ferme. Depuis qu'il s'agit de l'introduire en France, le langage de la presse germanique a complétement changé. Il ne se passe pas de jour où la *Gazette de Cologne* et les autres feuilles prussiennes ne laissent percer leurs inquiétudes et leur colère. Elles disent que nous cherchons à ruiner l'Allemagne, et qu'il faut nous empêcher de dépouiller leurs villes d'eaux.

Si les jeux devaient nous nuire, il est probable que nos ennemis seraient enchantés d'apprendre que nous pensons à les rétablir.

Ils se plaignent : donc le rétablissement serait excellent.

II.

LE FIGARO.

LE RÉTABLISSEMENT DES JEUX.

Le gouvernement ne dit plus non ; il hésite seulement, assure-t-on, devant les pressantes propositions qui lui ont été faites de permettre le rétablissement des jeux et de la loterie en France. Deux intérêts, celui du Trésor et celui du commerce, fortement engagés dans la question, ont exercé une influence favorable sur l'esprit de M. Thiers particulièrement. D'autres intérêts ont été mis en avant pour combattre ceux-ci : l'intérêt de la morale, le premier de tous, a été invoqué.

Est-on bien sûr que ce dernier soit si gravement

compromis qu'on se l'imagine? C'est ce que nous allons essayer d'exposer en toute franchise, sans bégueulerie comme sans affectation d'un cynisme qui n'est ni dans nos mœurs ni dans notre caractère.

J'ai d'ailleurs un aveu bien net à faire à mes lecteurs : je n'ai aucun goût pour le jeu; je n'y trouve ni plaisir ni avantage. Je plaide donc ici une cause à laquelle je demeure parfaitement indifférent. Je m'en tiens aux considérations qui la peuvent faire triompher, au point de vue des intérêts matériels que je signale plus haut, et aussi — sans paradoxe — au point de vue même de la morale. Je ne m'en dédis pas.

Le premier point à établir, c'est celui de la morale. Ce n'est pas si difficile qu'on le pourrait croire.

Je m'appuie sur ceci d'abord : le jeu et la loterie ont été abolis en France en 1836. Cette date mémorable paraissait devoir évidemment marquer une ère inattendue de perfection dans la race humaine, et dans la race française en particulier ; mais je ne crois pas qu'avant 1836 les hommes fussent pires qu'ils sont aujourd'hui, et que la société fût moins bien organisée qu'elle ne l'est en notre brillante époque.

Il serait plus vrai d'affirmer le contraire.

Et d'ailleurs, les pays où le jeu et la loterie ont été conservés ne sont ni plus corrompus ni plus malsains que le nôtre ; on n'y rencontre ni moins de vertu, ni moins d'honnêteté, ni moins de probité que chez nous : ce qui prouve que la morale générale ne reçoit aucune atteinte de l'existence des passions et qu'elle peut planer au-dessus d'elles ; il s'agit qu'on ne les confonde pas.

Les lois, dont le but est de réprimer et de punir le vice et le mal, sont impuissantes contre les passions ; elles visent à les refréner, et ne parviennent qu'à les déplacer ; elles prétendent à les supprimer, et se bornent à les compliquer en y ajoutant le caractère de délit.

C'est ce qui est arrivé pour le jeu.

La loi de 1836 a aboli les maisons de jeu, mais non pas la passion du jeu ; elle l'a développée peut-être même en lui donnant tout l'attrait du fruit défendu, et l'a doublée du caractère de clandestinité, qui a engendré l'escroquerie et le vol.

J'ai beaucoup voyagé dans l'ancien comme dans le nouveau monde : partout j'ai vu le jeu à l'état de passion humaine portée à un égal degré, aussi bien chez les Peaux-Rouges que chez l'homme civilisé ; et partout où le jeu était proscrit par la loi, je l'ai surpris se développant avec frénésie et dans des conditions dangereuses pour l'ordre moral et pour l'ordre social.

Que se passe-t-il en France, depuis 1836, dans cet ordre de faits ?

Les maisons de jeu autorisées, surveillées, contrôlées par l'État, c'est-à-dire les lieux publics, ouverts, où la passion du jeu était simplement contenue, ont été remplacées par des cercles de tous ordres et de tous rangs, où la passion n'a plus de limites à observer, et par les tripots clandestins, où, à côté de la passion dans toute sa brutalité, se produisent les vices de toutes les sortes, depuis l'escroquerie jusqu'à des exploitations que ma plume se refuse à énumérer ici.

Pour une fois que la loi les atteint et les frappe, ils jouissent de la plus effroyable des impunités.

Demandez à vos commissaires de police préposés à cette sorte de surveillance, demandez-leur ce qu'ils préféreraient : avoir le contrôle de maisons de jeu autorisées ou la responsabilité terrible de ces maisons clandestines qui les tiennent sans cesse en haleine, qu'ils découvrent à force de patience et de ruses, qu'ils sont obligés parfois de prendre d'assaut au péril même de leur vie et de la vie de leurs agents. Vous n'avez pas de témoins plus autorisés que ces magistrats de l'ordre public à consulter sur ce sujet. Ils vous diront quelles gens ils découvrent dans ces tripots clandestins et entre quelles mains des étudiants, des jeunes gens de famille, des ouvriers, des hommes du monde, selon le degré de l'échelle où est placé le tripot, entre quelles mains habiles, dis-je, passe l'argent de ces malheureux dupés.

Les cercles — je parle ici de ceux qui ont leur rang dans la société et sont couverts à tous égards de considération et d'estime — les cercles ont tous, ou à peu près tous, un salon ou deux qui sont de véritables maisons de jeu, non pas clandestines, mais aussi dangereuses que les maisons clandestines, en ce point que voici :

Les membres d'un cercle sont choisis, — j'entends ceux dont l'accès n'est pas facile, — ils se connaissent tous, se tiennent tous pour gens d'honneur égal. Le jeu n'y a limites, ni frein, ni surveillance ; la passion, conséquemment, s'y développe dans toute sa fougue. Quiconque ne paye pas ses dettes de jeu dans les vingt-quatre heures est exclu du cercle, c'est vrai, mais quiconque est réputé pour tenir ses engagements peut risquer et perdre sa fortune en une nuit, en quelques heures.

Dans les maisons publiques de jeu, le *maximum* de la « poule » est limité ; dans les cercles, il ne saurait l'être, y tâchât-on. Dans les maisons publiques de jeu, nul ne peut jouer qu'argent sur table ; dans les cercles, la *parole* du joueur suffit, ou bien on l'autorise à remplacer l'argent par des jetons, par un objet quelconque, auquel il ne coûte rien de donner telle valeur que l'on veut. Dans les maisons publiques de jeu, l'heure de la clôture est fixée ; les portes des cercles, comme celles des salons privés, sont ouvertes nuit et jour.

Eh bien ! que ressort-il de cette comparaison ? Que, d'une part, la passion est refrénée ; tandis que, de l'autre, elle ne l'est pas et échappe à tous les contrôles.

Qui ne se souvient des révélations qui couraient dans le public, il y a trois ans, sur les sommes fabuleuses perdues dans un des cercles de Paris que je ne nommerai pas ? Y eût-il eu exagération dans ces bruits, que la vérité eût été encore épouvantable. Jamais dans aucune maison de jeu public on n'a cité de désastre égal à quelques-uns de ceux que l'on signalait.

On ne peut avoir oublié la triste aventure de ce jeune homme, un des plus beaux noms de France, marié depuis à peine six mois, qui, dans un cercle de Paris que je ne nommerai pas davantage, payait ses dettes de jeu avec de faux jetons qui avaient une valeur déterminée, et alla expier devant la cour d'assises ce misérable trafic. C'est un souvenir d'il y a vingt-cinq ans. Dans aucune maison de jeu publique, pareil crime ne se peut commettre, les jetons n'y ayant pas cours.

En voici la preuve : C'était à Bade. Un prince allemand, l'un des plus riches de l'Europe, avait perdu vingt mille francs, tout ce qu'il avait d'argent sur lui. Il annonce une « ponte » de cent louis sur « parole. » Le chef de jeu refuse. Le prince insiste : sa parole vaut de l'or. Le chef de jeu refuse énergiquement. Le prince se retire, non sans avoir adressé d'injurieuses paroles à celui qui faisait son devoir. Rentré chez lui, il se refroidit et ne revient pas au jeu. Le lendemain, il se rendit chez M. Bénazet pour le remercier d'appliquer si rigoureusement la loi de « l'argent sur table, » et le prier de l'excuser auprès de l'homme qu'il avait insulté.

N'est-il pas évident que dans un cercle où l'on savait ce que valait comme « or » sa parole, » le prince était sur la pente de perdre cent cinquante mille francs ; quelle limite même assigner à sa perte ?

La passion du jeu ne se supprime donc pas; elle se déplace quand on la veut refréner, et s'en va déborder plus loin. Alors qu'il est facile de la contenir, je dis sans hésitation, qu'on la moralise.

Je n'ai pas fini de ce côté de la question ; j'y

reviendrai. Je veux seulement répondre tout de suite à une objection que je prévois : Est-ce au gouvernement à se prêter à ce genre de moralisation d'une des passions les plus effroyables? Oui, quand il s'agit d'agir entre deux maux. Le gouvernement, sachant qu'il ne peut pas supprimer la passion, doit aviser à ce qu'elle produise le moins de désastres possible. Ce n'est pas son rôle de l'encourager, mais c'est son devoir de la surveiller. Et, finalement, le gouvernement ne constate-t-il pas l'existence de la passion du jeu, puisque déjà il prélève des impôts sur les instruments qui l'alimentent, les cartes? Qui voudrait conseiller au gouvernement, dans des moments comme ceux-ci, de renoncer à un tel impôt sur un tel objet?

Il est bien établi entre nous, n'est-ce pas? que mieux vaut une maison de jeu surveillée, où l'art de l'escroc, du grec, du faussaire, est impuissant, qu'un cercle, même des mieux famés, et un tripot ignoble où l'honnête homme est la victime d'un adroit filou où les fortunes s'entament en une nuit, où la lutte n'est jamais égale entre la carte biseautée et la « donne » de bonne foi.

Cela ne saurait faire de doute un seul instant.

Restent les objections sur ce terrain de la morale où j'ai dû me placer tout d'abord.

La maison de jeu est un appel incessant à la passion ;

Elle y est un excitant ;

C'est la tentation toujours offerte aux faibles, aux paresseux, aux avides ;

Le travail fait naufrage sur ce seuil séduisant ; la fidélité du commis, du caissier, du gardien de la bourse d'autrui, y peut trébucher ; — le négociant, l'homme d'affaires y peut laisser son honneur commercial ; le jeune homme y commence sa vie d'aventures ; le père de famille y rencontre le gouffre où il jette le dernier écu de sa maison.

Tout ce que l'on peut dire ou tonner contre la

maison de jeu se résume dans ces quelques accusations, dont je viens de dresser le sommaire. Le thème comporte des variations à l'infini. Une plume bien taillée et des lèvres abondantes peuvent écrire ou discourir sur ce sujet des heures durant.

Mais tout ce qu'on dira, tout ce qu'on écrira ne sera jamais aussi éloquent que cette réplique : La loi n'a pu éteindre la passion du jeu, et il n'est pas un seul des arguments énoncés contre la maison de jeu qui ne se puisse appliquer au Cercle et au tripot, avec toutes les circonstances aggravantes que la pratique met à la charge de ces derniers.

Encore une fois, demandez aux commissaires de police si, dans les tripots et les cercles borgnes où ils font irruption ou qu'ils surveillent, ils ne rencontrent pas des commis, des caissiers, des hommes d'affaires, des jeunes gens que dressent des professeurs en escroquerie, des commerçants, des pères de famille.

En un mot, et une fois pour toutes, la comparaison, dans cette satisfaction donnée à la passion du jeu, est de mille fois à l'avantage de la maison de jeu sur les cercles.

On dit : Entre qui veut dans une maison de jeu publique; n'entre pas qui veut dans un cercle privé.

C'est là une grosse erreur. N'entre pas qui veut comme chez lui dans un cercle; mais voulez-vous parier que neuf hommes sur dix, pères de famille et célibataires, appartiennent au moins à un cercle? S'ils n'entrent pas, en effet, dans tous les cercles, ils ont toujours pied dans les leurs, et c'est assez pour ma thèse.

On dit : Tous ceux qui fréquentent les cercles n'y jouent pas. Un sur cinq cents, soit! Ou encore : Parmi ceux qui jouent, il en est beaucoup qui ne manient les cartes que par distraction. Oui, de huit heures du soir à quatre ou cinq heures du matin, généralement; et, sous prétexte de jeux de combinaisons, il se risque en ces parties-là des sommes considérables.

Le manchot Deschapelles (un nom de guerre), célèbre professeur de whist, d'écarté, d'impériale, de piquet, qu'il jouait d'une façon si supérieure, réalisait annuellement un gain moyen de cinquante mille francs ; mais, pour arriver à un pareil résultat, son « livre de jeu » accusait des mouvements de fonds de trois cent cinquante à quatre cent mille francs, les cartes et les lieux ne lui étaient pas tous les jours propices.

Il n'y a pas de jeux innocents dans les cercles.

Et dans les tripots donc ! De grâce, n'y pénétrons pas.

Donc, mères de famille, épouses, ne vous croyez pas à l'abri des coups du trente et quarante et de la roulette, parce qu'il n'y a pas de maisons de jeu ouvertes.

Sur ce point, si la morale doit être entamée, soyez convaincues qu'elle a reçu déjà tous les accrocs qu'elle peut supporter sans tomber en loques.

Enfin, ces maisons de jeu, fermées en France depuis 1836, sont restées ouvertes en Allemagne, en Suisse, en Belgique, à Monaco. Est-il besoin de rappeler les pèlerinages annuels qui se font vers ces pays, et a-t-on compté l'or français qui s'en allait s'y dépenser?

Eh bien! c'est d'abord l'émigration de notre or qu'il faut arrêter, puis c'est l'immigration de l'or étranger qu'il faut favoriser : dans les conditions où se trouve la France, voilà deux résultats énormes qu'il faut atteindre.

J'ai sous les yeux des chiffres qu'il est bon de consulter; les uns irréfutables, les autres approximatifs.

Ce n'est pas certainement pousser à l'exagération que d'évaluer à deux cents ou deux cent cinquante millions par an les sommes que la passion du jeu entraînerait les étrangers à venir dépenser dans notre pays. Que d'industries y trouveraient leur compte et des facilités pour payer les lourdes taxes qui les accablent!

Et, dans cette chasse à l'impôt à laquelle est condamné le gouvernement, croit-on qu'il ne rencontrerait pas là matière à se garnir les poches? Pas de bégueulerie, s'il vous plaît! Le gouvernement, je l'ai dit, sanctionne la passion du jeu en prélevant des taxes sur les cartes à jouer. Il s'est bien gardé d'en interdire la vente, sachant bien que ce serait inutile d'abord, parce que l'on en vendrait le triple en contrebande, et puis, que l'argent provenant de la vente des cartes était assez bon à prendre. Il a doublé l'impôt, non pour arrêter ce commerce dit immoral, mais avec la conviction que l'impôt serait simplement deux fois productif. Le gouvernement, sans avoir donc la pensée d'encourager le jeu, ne rougit pas d'en profiter. Que ce soit sous une forme ou sous une autre, sous la forme de l'impôt des cartes, comme présentement, ou sous la forme de redevance que lui payeront les maisons de jeu, il doit lui importer fort peu au fond. C'est toujours une passion humaine qu'il exploite : d'un côté, en favorisant toute sa brutalité; de l'autre, en l'endiguant, au contraire.

Le gouvernement est-il responsable des cas d'ivresse qui déshonorent la consommation bienfaisante du vin? Parce qu'il y a des ivrognes, le gouvernement se dispense-t-il de prélever des impôts sur les vins, sur les alcools, sur les limonadiers, sur les cabaretiers? Loin de là, seulement il surveille les cabaretiers et les limonadiers. Mais, comme dans les tripots de jeu, les cercles, les délits commis par ceux-là lui échappent le plus souvent.

Le gouvernement songe-t-il à interdire l'usage du tabac, que certains médecins déclarent plus pernicieux encore à l'humanité que le jeu? Le gouvernement, au contraire, encourage la consommation du tabac, qui est une des plus riches ressources de son budget ; il ne s'inquiète pas des abus.

Le gouvernement s'imagine-t-il d'empêcher les gens de se ruiner en chevaux, en luxe de tout genre? Non : il encourage le luxe et la passion des chevaux, parce qu'il y trouve son profit. Tant pis pour qui se ruine!

Si, comme on l'a dit, la loi est athée, les gouvernements sont forcément sceptiques, peut-être même cyniques, à l'endroit des vices et des passions, pourvu qu'ils en tirent les ressources qui constituent leurs budgets. Ils seraient criminels d'encourager les vices et les passions; ils seraient criminels de répudier la morale : mais ils ne sont pas aptes, sous la préoccupation de l'excès qui en peut résulter, à supprimer les passions, les besoins et les goûts qui sont de l'essence humaine.

Donc, il n'y a ni impudeur ni immoralité à

rétablir les jeux et les loteries, puisqu'on n'en peut supprimer la passion. Il y a avantage même pour la morale et pour le bon ordre public à le faire, puisque le gouvernement tolère tous les jours la loterie sous des formes légales, et qu'il est impuissant, dans l'état des choses, à prévenir les excès du jeu, quand il a, au contraire, entre les mains le plus simple des moyens pour les réprimer.

J'ai parlé des sommes que le rétablissement des jeux devait jeter dans la circulation en amenant au milieu de nous l'affluence des étrangers. J'ai estimé cette somme de deux cent cinquante à trois cents millions annuellement, et je ne crois pas avoir rien exagéré. A cette aubaine, il faut ajouter l'or français qui n'ira plus alimenter les caisses de l'étranger. Nous recevrons et nous ne donnerons plus.

Ces résultats se peuvent aisément apprécier.

Les statistiques que j'ai sous les yeux évaluent

à une moyenne de soixante millions par an les sommes réalisées dans les six stations balnéaires de l'Allemagne, depuis que la suppression des jeux en France a fait affluer dans ces parages fort recherchés, non pas seulement des joueurs qui s'y viennent livrer à leur passion, mais encore de toute l'aristocratie européenne, même des Souverains et des Altesses de toutes les cours, qui ne dédaignent pas la fréquentation des salons du trente et quarante et de la roulette.

En multipliant ces soixante millions par les trente-trois années qui nous séparent de la suppression totale des jeux en France, nous arrivons au chiffre de deux milliards cent millions, dont nos compatriotes ont fourni un bon contingent. Rattraper ce contingent en le faisant payer par les étrangers et en empêchant l'émigration de notre argent, ne serait pas, ce nous semble, une si grande maladresse.

Il y a dans cette spéculation, dont le Trésor ne

pourrait pas se plaindre, des avantages qu'il n'est pas sans importance de faire ressortir.

Tous les grands établissements d'Allemagne se sont montés sur un pied de confort et de luxe que nécessairement il faudrait atteindre pour se mettre à leur niveau et entrer avec eux en rivalité.

Voit-on d'ici quelles dépenses les entrepreneurs de ces stations balnéaires, de ces casinos, seront obligés de faire? que de millions ils seront obligés de tirer de leurs poches avant même de demander un écu à leurs visiteurs! et conséquemment que d'industries et de travailleurs, d'artistes même, profiteront de ces constructions, qui auront besoin d'être grandioses pour rivaliser avec leurs concurrents de l'Allemagne et des autres parties de l'Europe!

Je ferai remarquer, chemin faisant, qu'il ne faut point objecter l'accès de morale qu'a éprouvé l'Allemagne, en déclarant la suppression des établissements de jeu de Bade, de Wiesbaden, d'Ems, de Hombourg, etc.

L'Allemagne aurait voulu les supprimer en effet. Mais, dit le proverbe, la nuit porte conseil; et la Prusse, qui, bien entendu, mène cette affaire allemande des jeux, comme toutes les autres affaires allemandes, la Prusse s'est ravisée; elle a calculé, — car elle sait calculer, — et M. de Bismark a trouvé bien certainement des arguments irrésistibles pour les scrupules de la pieuse impératrice Augusta.

Le premier de ces arguments est que la France pouvant rétablir les jeux chez elle, il allait s'ensuivre un dommage considérable pour l'Allemagne.

Si nous sommes assez timides ici pour ne pas tenir compte d'un encaissement à peu près assuré de deux cent cinquante à trois cents millions provenant de l'immigration des étrangers chez nous durant l'année entière, M. de Bismark, lui, trouve très-bons à prendre les soixante millions, au *minimum* que ces étrangers de tous les coins du monde, y compris la France, mettent en circulation dans quelques villes de l'Allemagne.

Le second argument que M. de Bismark a dû mettre en avant est absolument de l'ordre économique. Supprimer les jeux à Bade, à Wiesbaden et ailleurs, c'était supprimer en même temps ces villes d'eaux; c'était faire le désert à la place de la vie, substituer la médiocrité et peut-être la gêne à la prospérité et à la richesse.

D'autres arguments sans doute ont été mis en œuvre, et M. de Bismark a commencé par décider que les établissements de jeux pourraient, pendant une année encore, exploiter leur industrie.

C'est là tout simplement une façon, comme on dit, de voir venir les événements.

Si la France rétablit les jeux, M. de Bismark les conservera en Allemagne, afin de drainer au profit de celle-ci au moins une part de l'or que les touristes sèment sur leur passage.

Si, au contraire, la France se décidait à ne pas vouloir rétablir les jeux, M. de Bismark s'en autoriserait d'autant plus pour les maintenir en Allemagne, qui absorbera tous les millions, à commencer par ceux de la France, qui vont se dépenser au delà de nos frontières.

La question est donc celle-ci :

Faut-il nous occuper de faire entrer dans la circulation du pays trois cents millions d'or et d'argent étrangers?

Ou bien est-il préférable que nous laissions à l'Allemagne, à qui nous en donnons déjà tant, l'avantage d'absorber une soixantaine de millions, dont quelques-uns, ne le perdons pas de vue, sortent de nos bourses?

C'est à peser.

Et quand je parle de millions français qui s'en vont tous les ans à l'étranger, à cette unique fin de satisfaire une passion que la loi est impuissante à refréner, que la religion elle-même, si haute que soit son autorité, ne saurait supprimer du cœur humain ; — quand je parle, dis-je, de ces millions et de cette passion, j'en oublie de ceux-là qui trouvent dans la satisfaction d'une autre passion encore non moins résistante que celle du jeu, un moyen d'émigrer de chez nous : je veux parler de la loterie.

Ici encore, j'ai des chiffres éloquents à opposer à la morale, que je voudrais bien voir triomphante, mais que je suis obligé de prendre à l'état où je l'ai trouvée. La passion de l'aléa est aussi indestructible dans le cœur humain que la passion du jeu.

Ne nous dissimulons pas que tous les emprunts à prime ne sont que la mise en œuvre de la loterie, sur une échelle plus ou moins vaste, aussi bien que les remboursements des obligations à un prix supérieur à leur émission. Ce sont ces sortes d'emprunts et d'obligations qui se placent avec le plus d'entrain. Le gouvernemet français les autorise, les grandes villes les pratiquent, les grandes sociétés de finances et d'industrie en usent largement. Satisfaction officielle est donc donnée dans des conditions particulières de la passion de la loterie, sans profit du gouvernement; ce qui est tout simplement une naïveté.

En même temps que les jeux, il y a donc convenance à rétablir la loterie, qui nous prélève, comme les casinos d'Allemagne et d'ailleurs, des sommes considérables transportées à l'étranger.

Sait-on à quel chiffre s'est élevé l'embargo mis sur les titres de loteries allemandes expédiés en France?

Un milliard de francs!

Qu'on juge par là des quantités de ces mêmes titres qui ont pu passer nos frontières et ont raflé nos écus.

Telle est, d'ailleurs, la puissance de cette passion de l'aléa : en même temps que l'on ouvrait en France une souscription publique en faveur des ouvriers, lors de la crise cotonnière, souscription qui atteignait à peine 200,000 francs, le Monténégro émettait une loterie à 25 centimes le billet, et dont le produit était destiné à acheter des armes pour la réorganisation de l'armée nationale.

Cette loterie produisait sept millions de francs.

Parmi ces millions, on comptait certainement plus d'un petit écu français qui avait délaissé nos pauvres ouvriers mourant de faim devant les usines en chômage, pour aller courir la chance d'un gros lot à la loterie monténégrine.

Maintenant, si le gouvernement français se décide à rétablir les jeux, qu'il en tire non-seulement des ressources pour lui, mais encore de grosses redevances pour les pauvres et pour les établissements de bienfaisance, rien de mieux.

La morale s'en accommoderait fort.

J'ai dit sur ce sujet, non pas sans doute tout ce qu'il y avait à en dire, mais tout ce que j'en pouvais dire pour démontrer l'opportunité du rétablissement des jeux et de la loterie.

III.

LE GAULOIS.

LES MAISONS DE JEU.

J'ai toujours été de cette opinion que le meilleur, le plus sûr, le plus intelligent moyen de se venger d'un ennemi était de faire son profit de toutes les fautes qu'il commet, et de les changer pour soi-même en avantages.

Il se présente pour la France une occasion unique, inespérée, de tirer de la Prusse une vengeance éclatante, sans brûler une amorce, sans recommencer à faire couler des flots de sang, à incendier des villes, à détruire des moissons sur pied, des ponts et des gares de chemins de fer, sans faire enfin de mal à personne.

Mais il faut le vouloir, mettre un sot préjugé sous nos pieds, nous moquer du qu'en dira-t-on, et, sans conspirer contre M. Barthélemy Saint-Hilaire ni contre personne, adopter courageusement la devise de tous les conspirateurs :

« La fin justifie les moyens. »

Nous avons vécu jusqu'à présent dans cette fausse idée que l'Allemagne était une contrée éminemment pittoresque et remplie de sources d'eaux minérales qui guérissaient toutes les maladies. C'est une erreur.

Dans toute l'Allemagne, y compris les montagnes de la Forêt-Noire et de la Thuringe, et les bords du Rhin si vantés, il n'y a pas un coin de terre qui vaille, comme pittoresque et comme beauté, les montagnes de l'Auvergne, les rives de la Loire et de la Seine. Quant aux eaux d'Allemagne, elles n'existent que dans les guides, ne guérissent de rien, et j'ose croire que ce sont les pharmaciens qui les fabriquent, sous la terre

Si l'Allemagne attire chaque année chez elle des milliers de riches étrangers qui l'enrichissent, ce n'est donc pas à cause de la beauté de ses montagnes, ni de la bonté de ses eaux, ni même à cause du charme de ses femmes, qui sont généralement maussades et laides. C'est simplement que l'Allemagne est une immense maison de jeu ; que toutes ses villes d'eaux sont, en réalité, des villes de trente et quarante.

Récapitulez avec moi : Aix-la-Chapelle, Baden-Baden, Nauheim, Hombourg, Wiesbaden, Ems ; telles sont les principales localités où chaque année la foule se porte.

Avez-vous jamais entendu dire qu'un malade eût été guéri, même de la migraine ou d'un mal de dents, par la vertu de leurs eaux ? Les eaux de Wiesbaden ! Avouez que cela fait rire.

Eh bien, c'est grâce à la roulette et au trente et quarante que l'Allemagne a pu se couvrir d'un réseau de chemins de fer, créer une foule de villes charmantes avec des promenades, des serres, des parcs; construire des écoles, des hospices, des casernes, et, finalement, nous battre.

Aujourd'hui, l'Allemagne qui se fatigue d'être heureuse et de réussir en toutes choses, abandonnant, pour complaire à l'hypocrisie protestante, la sage voie qui l'a conduite à la prospérité, a décidé de fermer ses maisons de jeu. A la fin de cette année il n'y en aura plus une seule dans toute l'étendue des États unifiés par le roi Guillaume. Vous pensez bien qu'il va falloir terriblement en rabattre sur le compte des étrangers. Lorsque Hombourg et Baden-Baden n'auront plus pour les attirer que le pittoresque de leurs campagnes, les beautés de leurs filles et la vertu de leurs eaux, ces jolies villes, si gâtées, n'en verront, par année, pas plus de quatre. L'herbe va croître sur les dalles de marbre des casinos, des milliers de musiciens vont mourir de faim, les hôtels et les restaurants fermeront par centaines et les appartements, qui se louent si cher, ne seront plus habités que par les puces, les souris et les hirondelles. L'Allemagne l'aura voulu. Elle n'aura pas le droit de se plaindre.

Il suffit d'une loi votée par l'Assemblée, siégeant où elle voudra, même à Brives-la-Gaillarde, — si toutefois elle trouve cette localité suffisamment éloignée de Paris, — et déclarant tout simplement que « les jeux sont rétablis pour toute la France. » Cela n'a l'air de rien, et c'est énorme. Le salut du pays est là.

Réfléchissons à l'innombrable quantité de stations balnéaires qu'on rencontre dans notre pays. Toutes les côtes de l'Océan, depuis Boulogne jusqu'à Biarritz, en passant par Dieppe, le Havre, Trouville, Deauville, Pornic, le Croisic, Arcachon, en sont pleines. Les rives de la Méditerranée, depuis Port-Vendres jusqu'à Nice, en passant par Cannes, Hyères, Marseille, n'en manquent pas non plus. La chaîne des Pyrénées tout entière, celle des Alpes, de l'Auvergne, comptent autant de sources bienfaisantes que de rochers. Une fois en possession de la Loi, le gouvernement n'aura plus qu'à accorder les autorisations nécessaires aux compagnies fermières qui se présenteront, en ayant soin de leur imposer les charges nécessaires pour remplir nos caisses à sec.

J'entends d'ici, en écrivant, les jérémiades de protestation de l'Hypocrisie, cette reine dépenaillée de nos horribles temps modernes.

Les jeux existent en France, ils n'ont jamais cessé d'exister. Seulement ils ne rapportent pas un sou à l'État, et ils ne favorisent que les fripons. Là est l'immoralité, là est le mal.

Qu'est-ce que les Bourses de Paris, de Bordeaux, de Lyon, de Marseille ?

D'immenses tripots, de colossales maisons de jeu.

Les honnêtes gens y payent leurs *différences*; les fripons, qui y sont en majorité, ne payent pas les leurs. Et personne ne les inquiète ; car la loi, une loi qu'on croirait inspirée par les législateurs de la Commune, et qui a pour unique effet de protéger l'escroquerie, déclare « qu'elle ne reconnaît pas les jeux de Bourse. »

Que sont les cercles, les clubs, les casinos de toutes les villes de France ?

De simples maisons de jeu.

Seulement, comme elles ne payent aucune redevance à l'État, que l'État ne les surveille pas, les choses ne s'y passent pas toujours comme le voudraient la probité et la justice. Les grecs y fourmillent. On n'y joue pas argent sur table. Les dettes qu'on y contracte se payent mal ou ne se payent pas. Aucune garantie pour les joueurs !

Avec les jeux autorisés et surveillés, ces innombrables abus cessent. Outre que l'État peut toujours avoir confiance dans l'honorabilité des hommes qui, à l'exemple de MM. Dupressoir, de Baden-Baden, Blanc frères, de Monaco, soumissionneraient la ferme de nos jeux, les fripons en seraient exclus par la police, comme ils le sont de tous les casinos de l'Allemagne, et le revenu que la France appauvrie trouverait dans cette combinaison si simple, si pratique et si morale, suffirait largement pour nous dédommager en peu de temps de nos désastres.

Je mets qui que ce soit au défi de trouver un seul argument sérieux — je dis *sérieux* — contre ce projet.

Et pour prouver à quel point je le prends au sérieux moi-même, je propose, par la présente, au gouvernement de payer par année une redevance de DEUX CENT CINQUANTE MILLIONS DE FRANCS, soit cinq milliards de francs en vingt ans, contre le privilége unique et exclusif en ma faveur, transmissible à mes héritiers, avec faculté de sous-traiter de la ferme des jeux dans toutes les villes balnéaires et les villes d'eaux thermales de France, sous le contrôle et la surveillance de l'État.

Je consentirais à ne pas ouvrir de maison de jeu à Paris, afin de ne pas faire loucher les myopes de Versailles.

A Versailles, trois jours après que les jeux seraient installés, je m'engagerais à découvrir, dans les environs du château, une source d'eau minérale qui guérirait la maladie qu'on appelle le TRAC.

Hélas! mes chers amis, quoique je sois connu dans mon pays pour un homme d'honneur et de bon sens, et que, en toute chose, j'aie invariablement l'amour du Bien devant les yeux, j'ai grand'peur que ce beau projet ne se réalise jamais.

Pour calculer toute la portée d'une affaire qui, en vingt ans, nous mettrait dans les mains une somme égale à celle que nous payons à la Prusse, il nous faudrait à la tête de nos administrations et dans nos conseils des hommes jeunes, actifs, habiles, hardis, sensés, marchant tout droit au but et ne regardant pas derrière eux.

L'Espagne, qui sait mieux calculer que nous, établit des maisons de jeu partout, jusque dans les plus pauvres villages de notre frontière. La Suisse et l'Italie ne tarderont sans doute pas à faire de même. Et c'est ainsi que les meilleures idées ne servent à personne, même pas à ceux qui les ont.

IV.

LE SOIR.

. . . .
. . . .

Que le gain d'une partie soit décidé par le talent seul, comme dans les échecs ou le tir à la cible ; ou par le talent et le hasard combinés, comme dans le whist, les marchés à terme, les paris de sport ; ou par le hasard seul, comme dans la roulette, le droit de propriété acquis par le gagnant n'en est ni plus ni moins légitime, puisqu'il a toujours la source dans l'abandon, la donation, la cession conditionnelle, mais absolue, que le perdant avait faite avant de jouer.

C'est donc à tort et contrairement au droit le plus manifeste, que notre Code méconnaît la transmission de la propriété par le jeu. Il y a sous cette négation un vieux reste de préjugé qui tombe en ruine, heureusement. N'est-il pas singulier qu'un honorable magistrat, après avoir gagné cinq louis sur le prix du Jockey-Club et cinq autres le même soir sur la tourne d'un roi à l'écarté, annule et punisse le lendemain un loyal pari sur la hausse? N'est-il pas singulier que les journaux officiels publient le texte de ce jugement entre le cours des marchés à terme et l'annonce d'une loterie autorisée? Mais le pis de l'affaire est que les lois contre le jeu n'ont jamais servi qu'aux fripons de tous étages.

L'ÉTAT n'a pas le droit d'interdire le jeu. Qu'il le surveille, qu'il assure la loyauté des transactions aléatoires, il sera dans son rôle.

Si demain un gros capitaliste ouvrait boutique sur la place de la Madeleine et mettait cent millions en banque contre les joueurs de Paris et de l'étranger, nos lois le condamneraient d'emblée, et elles auraient tort. Mieux vaut un jeu public, surveillé, contrôlé, forcément honnête, que les mille petits tripots clandestins où quelques filles, associées à quelques escrocs, enivrent un pauvre pigeon avant de le plumer.

V.

LA LIBERTÉ.

Aurons-nous les jeux autorisés en France ?

Telle est la question qui commence à circuler très-sérieusement dans les cercles, et même dans les cercles politiques. Cela mérite, très-évidemment, qu'on s'en occupe.

Allons, un bon mouvement, messieurs les gens rigides ! Daignez descendre du cheval de carton sur lequel vous vous juchez chaque fois que cette hypothèse pratique montre le bout d'un mémoire écrit.

C'est vraiment une duperie de voir tant de millions s'en aller à l'étranger, quand il a déjà nos milliards. Et il y a cent à parier contre un que personne n'hésitera à préférer Paris et ses environs, pourvus de salons de conversation, aux kursaals et casinos de l'Allemagne.

Bismark et ses esclaves des petits royaumes en hurleront de douleur, soyez-en certain ; et l'or qui nous reviendra ainsi fera rentrer dans la boîte aux inutilités les petites coupures qui circulent à présent de toutes parts.

VI.

LE XIX° SIÈCLE.

LES MAISONS DE JEU.

C'est une question que je vois, depuis tantôt une douzaine d'années, revenir avec la régularité du printemps, vers les premiers jours du mois d'avril. Elle pousse avec les premières feuilles et disparaît avec les hirondelles.

Je ne l'avais guère considérée jusqu'à ce jour que comme un joli thème à discussion, comme un prétexte à variations brillantes. Quelle apparence que le gouvernement rétablît jamais les maisons de jeu ! Les préjugés qui s'élevaient contre cette institution étaient si forts, ils semblaient d'ailleurs appuyés de raisons si puissantes, que ce n'eût vraiment pas été la peine de heurter le sentiment public pour un si mince bénéfice.

La chose aujourd'hui paraît sérieuse. De tous côtés, des compagnies sont en instance pour obtenir du pouvoir actuel des concessions, et s'engagent, en retour, à payer des millions, soit à l'État, soit aux hospices, soit à la commune où sera établie la maison de jeu autorisée.

Les avocats de cette cause sont nombreux, et il n'est guère de matin où l'on ne puisse lire à ce propos un article qui conclut à l'adoption de la mesure qui rétablirait les jeux en France.

Et le public que pense-t-il de cette campagne? quelle opinion a-t-il sur la question?

Je puis me tromper, mais il me semble que le public n'est pas convaincu. Je parle de la bonne et saine bourgeoisie. Elle sent la force des raisons qu'on lui donne; et cependant il y a toujours en elle comme un sentiment de révolte intérieure;

c'est la conscience qui gronde tout bas : on a beau lui répéter le mot de l'empereur romain, qui disait que l'argent n'a pas d'odeur, elle ne saurait se tenir de penser que l'argent prélevé sur une passion mauvaise est fâcheux à recevoir, et que tout impôt mis sur l'immoralité a quelque chose d'immoral.

Ces sentiments font honneur à la nation, et il serait très-fâcheux que sur une question aussi délicate elle n'eût pas de ces appréhensions et de ces scrupules. J'entends souvent dire, par les philosophes assermentés, cette sottise de collége, que la morale est la même dans tous les temps et dans tous les lieux, et que la conscience humaine n'a jamais varié sur cette terre.

La morale n'est pas un instinct, c'est une science, tout comme la chimie et la physique. Elle a ses moments d'éclipse et ses retours; elle fait des progrès continus, grâce aux efforts incessants des moralistes, qui, par de nouveaux réactifs, analysent chaque jour plus profondément les passions humaines, qui arrivent à isoler la tache verte et la mettent à nu sous les yeux des juges.

Qui ne sait qu'en nous renfermant même dans cette question du jour, la morale a gagné énormément de terrain depuis deux siècles? Nous sommes loin du temps où le comte de Grammont trouvait plaisant de jouer avec des cartes pipées ; où M. Toutabar, vicomte de la Case, proposait froidement à un gentilhomme de lui apprendre à corriger l'injustice d'un dé.

Tricher en ce temps-là n'était pas voler : c'était une espièglerie aimable. Il n'y a plus guère que les femmes qui se la permettent aujourd'hui, et encore n'est-ce qu'en riant et dans des sociétés où l'on ne joue pas un jeu sérieux. Partout ailleurs, un grec est considéré comme le pire des voleurs, parce qu'il se donne l'air d'un honnête homme, et qu'il joint au tort d'être un fripon l'infamie d'être un hypocrite.

C'est là, à coup sûr, un progrès de la morale.

Un autre s'est fait, moins nettement défini, je l'avoue, et plus contestable, mais qui, je crois, est réel. C'est que la passion du jeu excite plus de défiance et de mépris qu'elle ne le faisait autrefois. Vous entendrez bien des déclamations sur notre perversité; soyez sûrs qu'elle n'est rien en comparaison de la fureur de nos aïeux. On vous parle des cercles; ah! si vous lisiez les Mémoires du grand siècle ! C'était bien une autre affaire, en vérité !

La Bruyère pouvait dire, en ce temps-là, qu'il n'y avait qu'une chose qui tirât vraiment un homme de pair et lui donnât beaucoup de considération : c'était le grand jeu. Est-ce qu'à présent, quand on vous cite un homme qui risque cent mille francs sur un coup de cartes, vous vous sentez pour lui une bien vive estime? De l'étonnement, peut-être, et cette sorte d'admiration badaude qui s'attache aux hasards gaillardement affrontés ; mais lui donneriez-vous votre fille ? moins que cela : lui serreriez-vous la main sans quelque appréhension ?

Si vous sentez au fond de vous s'élever comme une vapeur de méfiance, c'est que de nouvelles façons de voir sont nées, qui n'existaient pas au temps où vivait La Bruyère. Le jeu vous inspire plus de crainte, sinon plus d'horreur.

Et la meilleure preuve, c'est la suppression qu'on a été obligé de faire des maisons de jeu, il y a quarante ou cinquante ans. Le gouvernement n'a pas de lui-même pris cette résolution. Il a cédé au cri public. Oui, c'est l'honnêteté bourgeoise qui s'était révoltée contre la loterie tout aussi bien que contre le 113, tout bien mal acquis brûle les doigts, et elle avait repoussé un impôt qui lui semblait immoral.

Le malheur, c'est qu'à ce compte il faudrait supprimer bien d'autres impôts. Car parmi ceux qu'on appelle indirects, il y en a bon nombre qui ne sont établis que sur des passions et des passions fâcheuses. Le tabac aide l'homme à perdre son temps en rêveries inutiles ; il n'en fournit pas moins cent millions, que l'État accepte de très-grand cœur. L'alcool abrutit ceux qui le boivent, et le gouvernement tire du goût de la nation pour les liqueurs fortes des sommes considérables. On voit où cette énumération pourrait nous mener.

C'est que la fonction d'un gouvernement n'est pas d'extirper, ni même de corriger les passions de l'homme ; il laisse ce soin à la religion, qui s'en acquitte comme elle peut. Pour lui, il n'a qu'un but, qui est de les rendre le moins nuisibles qu'il se peut, et de les tourner, s'il est possible, au profit de la chose publique.

La question réduite à ces termes n'est donc plus de savoir si le jeu est immoral : là-dessus tout le monde est d'accord ou à peu près ; mais bien s'il est utile à la société qu'il soit réglé et imposé.

On n'espère pas sans doute arracher de ce monde

la passion du jeu. Alors même que l'État feindrait de l'ignorer, il est clair qu'elle se répandrait, tantôt à front découvert, le plus souvent par des voies souterraines, dans tous les endroits où elle trouverait à se satisfaire. Et c'est en effet ce qui arrive. On a beau la poursuivre, la traquer et la punir, on n'en vient point à bout ; elle se réfugie dans des bouges indignes, où elle est en proie aux voleurs et aux entremetteuses. Elle n'en est que plus hideuse pour être obligée de se cacher. Elle ressemble à tel autre vice, dont les effets seraient bien autrement désastreux qu'ils ne le sont, si la police n'avait pas composé avec lui, si elle ne lui avait pas ouvert des routes connues et surveillées.

Vaut-il mieux en agir de même avec le goût du jeu ?

Je ne serais pas éloigné de le croire, en dépit du murmure secret de la conscience qui s'insurge. Qu'a-t-on gagné à priver les joueurs des maisons de tolérance publique, où leur argent était loyalement gagné par des croupiers à patente? Ils l'ont porté dans d'infâmes tripots, où on le leur filoutait; ou dans les villes d'eaux de la candide Allemagne, qui s'en est fait tout doucement des millions de revenus.

Puisqu'ils veulent absolument le perdre, autant vaut que ce soit chez nous et à notre profit. Il est vrai que les fontaines élevées sur une place publique invitent à se rafraîchir l'homme qui n'y pensait pas. C'est un inconvénient. Mais il est si facile de reléguer ces établissements de jeu dans les villes où peuvent seuls aller les riches; de leur imposer la loi de n'ouvrir qu'à de certaines heures et de fermer leur porte à certaines catégories de personnes! Ces précautions sont si aisées à prendre !

Il y aura des fous qui jetteront là leur fortune : mais je n'ai pas grand'pitié d'eux, car ils l'auraient engouffrée ailleurs. Et folie pour folie, ayons au moins le bon sens d'en profiter.

Je ne presserai jamais le gouvernement de résoudre cette question dans le sens où je vois qu'on le pousse. Mais il s'y déciderait que je n'y verrais, pour ma part, que peu d'inconvénients. Et l'avantage est assez grand pour que nous en tenions compte, nous surtout qui devons trois milliards.

S'il refuse, il fera bien : il fera mieux, s'il accorde.

C'est un de ces cas où le pour et le contre se peuvent soutenir par des raisons excellentes.

VII.

LE BIEN PUBLIC.

LA VEILLE ET LE LENDEMAIN.

La question des jeux a des aspects différents, paraît-il, selon qu'on l'envisage des différents côtés du Rhin. Erreur en deçà des Pyrénées, vérité au delà, a dit Pascal. L'opinion publique en France devient de plus en plus favorable à une solution qui réglementerait le jeu et l'arracherait aux chevaliers d'industrie et aux *grecs*, tout en ajoutant des millions à notre rançon. L'opinion publique en Allemagne se montre au contraire très-courroucée contre le rétablissement des jeux... en France. Ces naïfs Allemands s'alarment de voir détourné de son cours ce fleuve qui roule de l'or et qui portait à leurs villes d'eaux non point seulement le tribut des joueurs, mais le tribut de ceux qui viennent regarder jouer, de ces oisifs cosmopolites qui faisaient la fortune de Bade, d'Ems et de Hombourg.

Ce dépit n'a rien qui nous déplaise.

La question en elle-même est d'une limpidité de cristal. Deux choses sont en présence : un intérêt moral, un intérêt matériel considérable et qui, pour nous, a une exceptionnelle importance dans les circonstances actuelles.

Est-il vrai que la loi qui date de 1837 — qui conséquemment a été soumise à l'épreuve de l'expérimentation — ait supprimé la passion du jeu en France? Est-il vrai que cette loi ait effectivement empêché quelqu'un de se livrer à cette passion? Est-il vrai qu'il n'y ait pas partout des tripots, des cercles, des cafés où l'on joue, ou l'on perd, où l'on se ruine?

Tout homme de bonne foi répondra négativement à ces questions. Non! la loi de 1837 n'a pas supprimé la passion du jeu. Non! la loi n'empêche personne de se livrer à cette passion quand on en est possédé. Non! les tripots, les cercles, les cafés ne manquent point où l'on joue, où l'on perd, où l'on se ruine.

L'intérêt moral est donc nul.

Est-il sage, est-il intelligent, est-il raisonnable de sacrifier à un intérêt moral qui n'existe pas un intérêt matériel énorme en tous temps, mais dont nos malheurs décuplent l'importance?

Tout homme de bonne foi répondra négativement encore.

. . . .

Grâce au ciel! dans les pétitions approuvées par les conseils municipaux, pétitions qui vont être prochainement discutées à la Chambre, il ne s'agit point de rétablir les maisons de jeu de l'ancien Palais-Royal.

. . . .

Il est question simplement d'autoriser les jeux dans certaines villes d'eaux françaises comme Vichy, Aix-les-Bains, Bagnères, Trouville, Cabourg, etc.

Rien n'est plus facile que la surveillance des casinos placés dans de pareilles conditions. Là pourront entrer seulement ceux qui justifieront qu'ils appartiennent aux classes élevées de la société — c'est-à-dire aux classes qui doivent donner l'exemple — ceux qui prouveront qu'ils ont reçu une éducation assez complète pour être conscients de leurs vices.

Jouera-t-on plus? je n'en sais rien. Jouera-t-on moins ? je n'ose l'espérer. En tout cas, l'or des joueurs profitera à la France au lieu d'aller enrichir l'Allemagne. L'or qui sortait de France y restera, l'or qui n'y entrait pas y entrera. Or impur ! dira-t-on. Le fumier qui féconde la terre et fait pousser les fleurs odorantes est-il donc d'essence si délicate? Est-il, parmi nos impôts mêmes, beaucoup d'impôts aussi moraux que l'impôt sur le jeu? L'absinthe qui rend fou, le tabac qui abrutit, ne produisent-ils pas des revenus que l'État encaisse sans scrupule et augmente sans remords? Le personnage de don Quichotte ne nous a pas porté bonheur au dehors, le rôle de Grandisson ne nous sied guère mieux au dedans, puisque nous n'avons pas même réussi à nous améliorer nous-mêmes. Fermons au chapitre des dépenses la rubrique : *roman*, et ouvrons au chapitre des recettes la rubrique : *réalité !*

On s'occupe sérieusement de la question des jeux. C'est une constitution comme une autre, plus logique que la plupart de celles qui sont proposées si timidement ; seulement, on n'ose pas nommer une commission pour étudier la question des jeux.

Mais les journaux s'en préoccupent. L'indignation n'est plus qu'un vieux cliché mis au rebut ; — on ose aborder le côté pratique.

Cette question continue de préoccuper l'Allemagne. Les organes d'outre-Rhin n'hésitent pas à jeter le cri d'alarme à propos des efforts tentés en ce moment pour rétablir les jeux dans quelques stations françaises.

Ils considèrent cette mesure, si elle était adoptée par le gouvernement de Versailles, comme mortelle aux établissements de Bade, d'Ems, de Wiesbaden, de Hombourg, etc., qui, réduits à leur seul mérite de stations thermales et privés de l'immense attraction du trente et quarante, ne pourraient plus lutter avec Aix-les-Bains, Vichy, les Pyrénées, du moment que ces localités, déjà célèbres par elles-mêmes, viendraient ajouter à tous leurs avantages celui d'assurer aux désœuvrés du monde entier les distractions que les villes allemandes ne pourraient plus leur offrir.

Les esprits éclairés et surtout pratiques — il s'en rencontre là-bas — n'hésitent pas à considérer cette éventualité comme un des plus grands malheurs qu'aura causés la conquête de l'Allemagne par la Prusse.

On parle d'une action des plus sérieuses qui serait tentée auprès du gouvernement impérial dans le but de lui faire envisager les conséquences du faux point de vue où il se place en voulant appliquer à l'Allemagne entière les lois étroites du rigorisme prussien, et l'on espère encore le faire revenir à une plus saine appréciation des choses.

Mais il ne faut pas connaître l'absolutisme têtu et tout d'une pièce du tempérament prussien pour croire que ces tentatives puissent avoir la moindre influence sur les décisions de S. M. Guillaume.

En attendant, l'idée du rétablissement des jeux en France fait un chemin rapide et s'empare de plus en plus de tous ceux qui, voulant hâter la libération du territoire, cherchent en même temps les moyens les plus propres à épargner les intérêts du consommateur et ceux non moins dignes d'attention de la production nationale.

Cette question se lie, en ce moment, à toutes celles d'où dépendent la fortune et la vitalité de la France — et on ne saurait douter qu'elle ne soit prochainement portée à la tribune de Versailles par les voix les plus éloquentes et les plus autorisées.

Nous comptons traiter à fond, dans la *Gazette de Paris*, la thèse politique et financière que soulève cette question — et c'est avec la plus complète impartialité que nous placerons sous les yeux du public toutes les pièces du procès entamé dès lors entre les intérêts immédiats du pays et les préjugés d'une morale qui ne répond ni aux besoins conservateurs, ni même, ainsi que nous le démontrerons facilement, aux véritables tendances de la philosophie sociale.

. . . .

C'est une question sérieuse, et très-sérieuse. Il ne s'agit de rien moins que de trouver à la France de l'argent sans bourse délier et sans inquiéter les contribuables.

Et par quel procédé ?

Le procédé est d'une simplicité admirable. Il suffit tout uniment d'abroger une loi dont le principe est ouvertement violé tous les jours ; de reconnaître que les législateurs de 1836 ont commis une faute impardonnable en décrétant la suppression des jeux publics en France, et de provoquer en conséquence le rétablissement de ces jeux, dans des conditions régulières, bien entendu, dont la première sera la surveillance de l'État.

Un ancien député s'est occupé de la question, et il n'a pas eu de peine à faire ressortir les avantages de la solution que nous indiquons.

Il dit excellemment que si l'opinion publique a de grandes faiblesses, elle a aussi d'énergiques réactions. Quand elle se prononça, il y a trente-six ans, contre les jeux autorisés, elle sacrifia naïvement à une morale de convention qui s'inspirait de scènes romanesques portées au théâtre ou racontées dans les *Faits divers* des journaux.

Ce n'étaient que récits de drames intimes, de morts violentes, de catastrophes dans lesquelles s'engloutissaient de grandes fortunes héréditaires ou de riches épargnes laborieusement conquises par le travail !

Et il n'y avait pas un mot de vrai.

On confondait alors avec intention les fermes des jeux et des loteries ; on montrait l'État spéculant sur les unes et les autres, et cherchant des revenus pour le Trésor jusque dans les larmes des familles. De poétiques indignations s'exhalaient des salons. On conviait le clergé lui-même à s'associer aux fausses pudeurs de la société et du gouvernement! On oubliait de dire que dans les pays les plus catholiques, à Rome même, la loterie officielle alimentait les ressources de l'administration, et que le gouvernement pontifical ne dédaignait pas de percevoir les recettes du *Lotto*.

Mais si trompée que fût, à cet égard, l'opinion publique, elle ne tarda pas, presque au lendemain des mesures prises par la Chambre de 1836, à regretter ses plaintes et ses réclamations. Le Trésor perdit en 1838 d'importantes ressources, et la morale n'y gagna rien.

C'est que rien n'était plus faux que toutes les autres considérations si prétentieusement développées par les adversaires des jeux et des loteries. Le jeu est une passion semblable à toutes celles qui agitent l'homme; elle n'est ni plus immorale ni plus morale que les autres : chez elle comme chez les autres, l'immoralité commence où commence l'excès.

C'est pourquoi le jeu réglementé par l'autorité, surveillé par la police, n'avait pas plutôt disparu, que le jeu clandestin s'organisait dans de vastes proportions. Sur les ruines de la *Ferme des jeux* on vit, timidement d'abord, puis audacieusement, se fonder les *tripots*.

De même pour les loteries. L'État avait à peine cessé de spéculer, au profit du budget, sur la passion invincible des classes pauvres, que, mystérieusement, clandestinement, des loteries particulières se fondaient pour attirer à elles les ressources de nombreux fidèles de la religion du hasard.

Au lieu de guérir un mal incurable, on l'avait fait dégénérer en un vice occulte, susceptible de causer des désordres bien plus grands que ceux que la chronique s'était plu à constater.

Il y a pour la France un intérêt capital à hériter aujourd'hui des villes d'eaux d'Allemagne, de même que les villes d'eaux d'Allemagne ont hérité de nous le jour où nos députés ont été saisis d'un malencontreux accès de puritanisme.

Il suffit d'avoir séjourné une heure à Bade, à Hombourg ou à Ems, et d'avoir échangé quelques mots avec les habitants, pour se faire une idée de la source de profits incalculables que vivifie sans cesse la présence des jeux dans leurs localités. Les hôtels regorgent de monde; les joueurs heureux, sans cesse sollicités par les luxueux étalages des marchands, font des emplettes nombreuses ; l'or coule à flots, car les mains sont faciles ; et on peut dire, sans être taxé d'exagération, qu'une bonne partie du superflu de l'Europe vient se déverser sur ces contrées privilégiées.

Il faut livrer à l'Allemagne la seule bataille, hélas ! qu'il nous soit loisible aujourd'hui de lui déclarer, — la bataille de l'argent.

Nous applaudirons à tous les efforts qui seront tentés dans ce sens ; et c'est à ce titre que nous apprécierons chaudement toutes les pétitions qui seront présentées à l'Assemblée nationale pour le retour au jeu réglementé et au grand jour.

X. DE VILLARCEAUX.

IV.

LE SYNDICAT DES VILLES THERMALES DE FRANCE.

Les Conseils municipaux de nos principales stations thermales ont envoyé à Paris et à Versailles des délégués munis de pleins pouvoirs.

Dès leur arrivée à Paris, ces délégués formèrent une chambre syndicale où furent représentées les villes d'Aix-les-Bains, de Vichy, de Bagnères-de-Bigorre, d'Enghien, de Pierrefonds-les-Bains, de Biarritz.

Une fois régulièrement constitués, les délégués de ces compagnies rédigèrent et adressèrent à chaque membre de l'Assemblée nationale la circulaire suivante :

Monsieur le député,

Les soussignés, maires et délégués des diverses villes thermales de France, ayant reçu de leurs conseils municipaux respectifs le mandat formel de demander le retrait de la loi de 1836 et le retour à la législation du 24 juin 1806 sur les jeux publics, se sont réunis à Paris en assemblée syndicale.

Ils ont pensé qu'avant de faire auprès de l'Assemblée nationale une démarche officielle, il importait de vous faire connaître les décisions de leurs conseils et les considérations sur lesquelles ces décisions sont basées.

Ils vous prient en conséquence, et comme député du département de....., de vouloir bien vous réunir à vos collègues des départements directement intéressés à cette question, le ....., hôtel du

Louvre, pour les éclairer de vos lumières et de les aider de vos conseils.

Dans l'attente que vous voudrez bien vous rendre à cette réunion, les soussignés vous prient, Monsieur le député, d'agréer l'assurance de leur considération distinguée.

Les membres du syndicat, maires ou délégués des communes d'Aix-les-Bains, de Vichy, de Bagnères-de-Bigorre, de Pierrefonds-les-Bains.

Les membres les plus autorisés de l'Assemblée nationale répondirent à cet appel.

Après une longue et intéressante discussion sur les avantages qu'il y aurait pour la France dans le rétablissement des jeux, discussion à laquelle prit une part très-active M. Mathieu, l'ancien député de la Corrèze, l'avocat éloquent de la Chambre syndicale des eaux minérales françaises, la réunion décida, à l'unanimité, que, pour obtenir le rétablissement des jeux, elle procéderait par voie de pétitionnement.

Dans ce but, furent rédigées trois circulaires qui résument avec une grande clarté la question pendante.

Voici ces trois circulaires :

ASSOCIATION GÉNÉRALE DES EAUX MINÉRALES, BAINS DE MER ET STATIONS D'HIVER DE FRANCE.

Les soussignés, régulièrement délégués par leurs communes respectives, se sont réunis à Paris dans le but de solliciter du gouvernement le rétablissement des jeux publics réglementés.

A cette occasion, ils se sont sérieusement préoccupés de toutes les questions qui intéressent ou peuvent intéresser les villes d'eaux, les bains de mer et les stations d'hiver. Ils ont reconnu qu'il était de la plus grande importance, pour l'étude et la solution de ces questions, que ces stations fussent représentées, d'une manière permanente, par un syndicat élu, chargé d'être l'interprète des intérêts de tous auprès du gouvernement, des administrations et du public.

Dans ce but ils ont formé un syndicat provisoire, chargé de provoquer l'adhésion des villes, des communes et des particuliers directement ou indirectement intéressés à l'exploitation et au développement des stations balnéaires de France, et de préparer la solution des questions les plus immédiatement réalisables pour maintenir et accroître leur prospérité.

Les statuts de l'Association seront discutés et adoptés par l'assemblée générale des délégués des villes d'eaux, des bains de mer et des stations d'hiver, convoqués à cet effet par les soins du syndicat provisoire.

Fait à Paris, le 5 février 1872. Et ont signé :

MM. le docteur Davat, maire d'Aix-les-Bains, président.

Archambault, banquier à Paris, propriétaire des bains de Pierrefonds, délégué de cette ville, vice-président;

J. J. Dumoret, avocat, maire de Bagnères-de-Bigorre, vice-président;

Le docteur Jaulerry, maire de Biarritz;

A. Bulot, adjoint au maire et délégué de Vichy;

Touzet, maire d'Enghien-les-Bains;

A. Mottet, fermier des eaux de Marlioz, délégué du conseil municipal d'Aix-les-Bains;

Noel, délégué du conseil municipal d'Arcachon;

Germond de Lavigne, secrétaire du syndicat.

CIRCULAIRE.

ASSOCIATION GÉNÉRALE
DES
EAUX MINÉRALES DE FRANCE.

Paris, le 5 février 1872.

SYNDICAT.

A messieurs les propriétaires, concessionnaires et fermiers de sources et d'établissements d'eaux minérales et de bains de mer ;

Les maires des villes stations d'hiver ;

Les maires des villes et administrateurs des hospices possédant des établissements de bains ;

Les médecins pratiquant auprès des établissements ;

Les chimistes, géologues et ingénieurs spéciaux ;

Les maires des communes, les propriétaires et

industriels dont les intérêts sont unis à ceux des établissements de bains ;

Les directeurs des journaux balnéaires.

Messieurs,

Réunis à Paris pour une question qui intéresse vivement la fortune des villes d'eaux, nous avons été conduits à reconnaître combien il est important que les eaux minérales françaises soient représentées d'une manière permanente auprès du gouvernement, auprès des administrations, des particuliers et de la presse.

Dans la situation présente, nous devons avoir plus que jamais à cœur de défendre, avec la confiance et l'autorité que donne l'association, les intérêts moraux, matériels et scientifiques de cette grande richesse du sol dont nous avons tous une part.

Cette violente et cruelle rupture avec une nation riche en eaux minérales et qui dépensait, pour attirer chez elle nos nationaux, tous les moyens d'une active publicité et toutes les séductions de ses banques de jeux, est pour nous un avertissement de ce que nous avons à faire.

Il ne suffit plus des efforts de chacun de nous pour le succès de ses intérêts propres, il faut aussi que nous poursuivions une œuvre de propagande dans laquelle nous sommes étroitement solidaires.

Notre devoir est, aujourd'hui, de prouver que nos ressources minérales doivent suffire à ceux qui recherchent la santé ; que ce n'est pas seulement le patriotisme, mais la raison et le bien-être qui doivent les retenir parmi nous. Il faut leur prouver que nos eaux sont aussi salutaires, que nos habitations sont plus confortables, nos sites plus souriants, nos distractions aussi séduisantes que celles qu'ils ont été chercher trop longtemps au delà de nos frontières.

Il faut que, nous conseillant mutuellement, sans lutte, sans rivalité, car il y a place chez nous pour tous, nous arrivions, par notre bonne entente, à attirer, à notre tour, les oisifs étrangers et à retenir des capitaux qui compenseront nos pertes et nous donneront de plus abondantes ressources pour l'œuvre de notre délivrance.

Pour cela, point d'efforts isolés, trop souvent infructueux ; des efforts communs.

Dans ce but, nous vous proposons de fonder une association générale des eaux minérales françaises, et d'appeler à faire partie de cette association tous ceux qui, dans leur propriété, dans leur profession ou par leurs travaux, sont intéressés à la fortune des stations balnéaires en France.

Nous nous sommes dès aujourd'hui constitués en syndicat provisoire pour organiser cette association et provoquer les adhésions de toutes les personnes qui voudront coopérer à l'œuvre que nous entreprenons.

Nous ne doutons pas, Messieurs, que nous ne recevions de vous cette adhésion et l'assurance que votre concours est acquis à cette œuvre de commune protection à laquelle nous engageons d'avance tout notre dévouement et toute notre activité.

Aussitôt que nous aurons pu réunir en assemblée générale vous ou vos représentants et que vos choix auront constitué un syndicat définitif, nous nous empresserons de lui remettre le soin de conduire vers un but profitable l'association que nous nous estimerons heureux d'avoir provoquée.

Veuillez bien, Messieurs, recevoir l'expression de nos sentiments les plus distingués.

Dr Davat, Archambault, J. J. Dumoret, Dr Jaulerry, A. Bulot, Touzet, A. Mottet, Noel, Germond de Lavigne.

Les adhésions sont reçues chez M. Archambault, vice-président du syndicat provisoire, rue de la Vrillière, 4, à Paris.

LE SYNDICAT DES VILLES THERMALES DE FRANCE
A MM. LES MEMBRES DE L'ASSEMBLÉE NATIONALE.

La question des jeux est à l'ordre du jour.

On s'en occupe sérieusement dans le public, on s'en occupe dans la presse, et l'on peut affirmer que le désir de leur rétablissement fait des progrès considérables.

Les Conseils municipaux d'Aix-les-Bains, de Vichy, de Pierrefonds-les-Bains, de Bagnères-de-Bigorre, de Biarritz, d'Arcachon, de Deauville, d'Enghien, d'Allevard, etc., ont étudié cette question délicate, soit au point de vue moral, soit au point de vue de l'utile, et ont exprimé leurs pensées par des délibérations motivées.

Tous ces Conseils ont constaté, en le déplorant, que la passion du jeu, supérieure à toutes les autres, est un penchant irréductible, inhérent à la nature humaine, et que cette passion, hélas ! le législateur ne peut la faire disparaître par un trait de plume.

En 1836, et dans une intention à laquelle nous ne voulons qu'applaudir, la Chambre des députés, d'accord avec le gouvernement, quoique après une longue discussion, prohiba les jeux publics, en laissant à l'administration supérieure la faculté d'autoriser les loteries, les cercles et les jeux qui s'y jouent, et crut, par cette double mesure, mettre un frein à la passion du jeu et en supprimer les conséquences.

Les résultats ont-ils répondu aux désirs des législateurs ?

Hélas! non, et pour en être convaincu il suffit d'étudier sérieusement les faits; ils prouvent qu'en supprimant les jeux autorisés, la loi de 1836 n'a rien refréné ; qu'au contraire, la morale a souffert de cette suppression, et que la France y a perdu des capitaux considérables.

En effet, dès le lendemain de la fermeture de nos jeux autorisés, les joueurs riches, dont on proscrivait les habitudes, sont allés en Allemagne, en Belgique, à Monaco, etc.

A l'aide de l'argent qu'ils y ont porté, les banquiers de jeux y ont entraîné la foule, et avec elle l'élite de notre population aristocratique, artistique et financière.

Tous ensemble ont dépensé et versé dans ces pays, au détriment de la France, des sommes considérables qui peuvent être chiffrées à plus de deux cents millions par an.

Ce capital, additionné par trente-cinq années, produit un chiffre de sept milliards.

Il a fait la fortune des provinces de Baden, de Nassau, de Hombourg, d'Aix-la-Chapelle, de Spa, de Monaco, etc.

Il serait resté en totalité ou en grande partie en France, si la France avait eu dans ses villes d'eaux des jeux publics réglementés comme ils le sont à l'étranger. C'est une vérité incontestable.

Si au moins la moralité y avait gagné quelque chose ! mais c'est tout le contraire qui s'est produit.

Depuis la suppression des jeux publics, le nombre des tripots a augmenté d'une manière considérable. Rien que pour Paris, leur nombre s'élève à quatre ou cinq mille ; et la police, qui connaît leur existence, avoue son impuissance à les détruire.

Là se rencontrent toutes les classes de la société, gens de finance, avocats, médecins, professeurs, fils de famille attirés par l'appât du jeu et des femmes douteuses, en compagnie de grecs et de filous qui les conduisent à leur ruine.

D'un autre côté, les jeux de Bourse ont pris des proportions déplorables. Privés des jeux réglementés, les amateurs de l'aléa ont cherché et trouvé là le moyen de se satisfaire et y ont éprouvé des catastrophes d'autant plus terribles qu'ils ne sont pas forcés de mettre au jeu.

Enfin, dans les cercles autorisés, on joue avec frénésie, également sur parole, c'est-à-dire dans les conditions les plus dangereuses, et tout le monde sait combien il s'y est consommé de ruines irréparables.

Si donc, loin d'avoir gagné quelque chose à la suppression des jeux, la moralité publique y a perdu, il est du devoir des législateurs de les rétablir dans le plus bref délai possible.

On ne saurait comprendre, en effet, que, par un puritanisme injustifiable et condamné par trente-cinq années d'expérience, l'Assemblée voulût perpétuer un état de choses qui entraîne la ruine certaine de nos précieuses stations balnéaires, prive l'État d'importantes ressources, et enrichit l'étranger à nos dépens.

Presque toutes nos stations d'eaux dépérissent faute des éléments nécessaires à leur succès. Il leur faut, pour réussir, des conditions de confortable, de luxe même, de distractions et de plaisirs que les propriétaires et les communes ne peuvent leur procurer avec le produit de leur industrie. Les jeux seuls peuvent fournir des ressources assez considérables pour les placer dans les conditions nécessaires.

C'est ainsi que de simples villages d'Allemagne sont devenus des stations de premier ordre, populeuses, riches et florissantes, attirant un nombre de baigneurs qui, pour Baden seulement, ne s'élève pas à moins de soixante mille par saison.

Il est donc juste et patriotique d'accorder à nos établissements balnéaires les jeux publics, qu'ils réclament avec instance, et de leur rendre par ce moyen la prospérité qu'ils ont perdue, c'est-à-dire d'assurer leur existence.

Mais il est encore pour nous une nécessité d'un

ordre plus élevé. La France, écrasée sous le poids de l'immense et odieuse indemnité de guerre qui lui a été imposée, ne peut, sans les plus graves dangers, envoyer en Prusse tout son métal, ou du moins, si elle l'y envoie, il faut qu'elle trouve le moyen de l'en faire venir. C'est une sorte de drainage qu'elle est condamnée à opérer à son profit.

Or, le rétablissement des jeux en France est le moyen le plus simple, le plus facile et le plus prompt à réaliser.

Avec cette mesure salutaire, le mouvement et la vie renaissent dans notre cher et malheureux pays. Les étrangers qui nous ont fuis nous reviennent, nos compatriotes nous restent, et nous encaissons bon an mal an, par mille canaux divers et sous toutes sortes de formes, quatre ou cinq cents millions qui nous serviront à payer notre effroyable dette. Et s'il restait un doute sur la certitude de nos appréciations, il suffit pour le faire disparaître de lire les journaux allemands et de voir ce qui se passe en Prusse.

La presse et le public de ce pays comprennent si bien l'avantage que la France peut retirer du rétablissement des jeux, qu'ils demandent à grands cris leur maintien chez eux, et que M. de Bismarck n'est pas éloigné de les proroger en attendant qu'il les maintienne.

Chargés d'être auprès de vous les interprètes des villes balnéaires d'Aix, de Pierrefonds-les-Bains, de Vichy, de Bagnères-de-Bigorre, d'Arcachon, d'Allevard, de Biarritz, d'Enghien, de Deauville, etc., les soussignés vous supplient, Messieurs, de vouloir bien examiner, avec toute l'attention qu'elle mérite, leur demande de retrait ou de modification de la loi de 1836, et de comprendre ces villes parmi les villes d'eaux où les jeux publics sont autorisés.

Nous connaissons, Messieurs, votre amour pour la France; nous savons que vous la voulez heureuse, puissante, prospère, et nous espérons que vous ne sacrifierez pas à de vains préjugés l'un des plus puissants moyens de lui rendre et d'assurer son bonheur et sa prospérité si déplorablement compromis, et dont le rétablissement vous est confié.

Pour le Conseil municipal de Vichy :

MM. JARDET, maire; BULOT, adjoint; SANDRIER, JAURAND, MERCIER, HENRY, conseillers délégués.

Pour le Conseil municipal d'Aix-les-Bains :

Dr DAVAT, maire; VIDAL, adjoint; MOTTET, conseiller délégué.

Pour le Conseil municipal de Pierrefonds-les-Bains :

ARCHAMBAULT, délégué.

Pour le Conseil municipal de Biarritz :

Dr JAULERRY, délégué.

Pour le Conseil municipal de Bagnères-de-Bigorre :

J. J. Dumoret, maire, délégué.

Pour le Conseil municipal d'Arcachon :
Noel, conseiller délégué.

Pour le Conseil municipal d'Allevard ;
Émery, maire.

Pour le Conseil municipal de Deauville :
Breney, maire,

Pour le Conseil municipal d'Enghien :
E. Touzet, maire.

*Représentés par le Syndicat des villes d'eaux,
4, rue de la Vrillière, à Paris.*

MM. Dr Davat, président; Archambault, vice-président; J. J. Dumoret, vice-président, Bulot, Noel, Mottet, Jaulerry, Touzet, membres; Germond de Lavigne, secrétaire.

Et maintenant, l'abrogation de la loi des 18-22 juillet 1836 aura-t-elle lieu ?

L'Assemblée nationale votera-t-elle le rétablissement des jeux en France ?

Nous n'en voulons pas douter.

V.

RAISONNEMENTS CONTRE LE JEU.

DE LA NÉCESSITÉ DE RÉTABLIR LES JEUX EN FRANCE.

Sujet que j'ai traité trop tôt et dont il est fort question aujourd'hui.

Les morales absolues, les vertus trop austères, — celles le plus souvent que l'on impose aux autres, — ont, entre autres inconvénients, celui qu'on se décide facilement à ne pas les suivre.

L'homme est né trop pesant pour s'élever si haut.

Vous n'êtes pas sans avoir construit quelquefois des châteaux de cartes ou de dominos, — il vient un moment où vous élevez un étage de trop : cet étage croule ; mais ce ne serait rien, il ne manque jamais d'entraîner la ruine de tout l'édifice.

Dans le paradis de Mahomet, disent les descendants du prophète, on n'aura même pas besoin de se moucher, toutes les superfluités se dissiperont par des sueurs qui auront l'odeur du musc. On sait que Mahomet a réservé le parfum de la rose pour sa propre sœur.

Mais, en attendant que nous soyons dans le paradis de Mahomet, nous sommes bien forcés d'avoir des mouchoirs, — ce qui n'excuse pas tout à fait les femmes de les exhiber avec tant d'apparat.

Il y a une fable de Phèdre que je n'ose citer ici, — je me contenterai de la désigner aux curieux. — J'ajouterai seulement, pour tempérer la curiosité, que Lafontaine, qui n'était pas autrement timide, n'a osé ni la traduire, ni l'imiter, — cependant elle arriverait bien à propos au sujet de la morale de papier.

C'est la fable XVII du IV° livre.

Canum legati ad Jovem

Ambassade des chiens à Jupiter.

A peu près à la même époque où on a fermé les maisons de jeu autorisées on a voulu, dans une intention également vertueuse, réglementer la prostitution.

Les malheureuses prêtresses de la Vénus du ruisseau portaient mieux que la ceinture dorée — confinées dans certains quartiers et dans certaines rues, elles s'habillaient ou se déshabillaient d'une façon des plus fantaisistes, fort décolletées, des diadèmes et des fleurs dans les cheveux, de grosses pierreries fausses autour du col — et erraient à de certaines heures autour de la Canongate qui leur était prescrite.

On les a chassées du Palais-Royal, et des rues accoutumées ; on les a obligées à se déguiser tant bien que mal en femmes honnêtes.

De ce jour est née la Lorette, — de ce jour, tel qui n'aurait osé, qu'après de longues hésitations, pénétrer dans les quartiers hantés par elles,

En est arrivé graduellement à les promener en voiture au bois de Boulogne et à les conduire en loges découvertes aux théâtres.

Les femmes, qui n'avaient jamais pensé à imiter leurs costumes d'impératrices, ont imité leurs robes « honnêtes » et aussi leurs allures — en sont venues à les connaître par leurs noms, par leurs couturières et par leurs amants.

C'est précisément la même chose que pour les jeux ; — il y avait un certain nombre de maisons de jeux, sous la surveillance assidue de l'autorité ; — on y ajoutait un certain nombre de jeux de hasard, avec des chances inégales naturellement et au détriment des joueurs, mais, enfin, avec des

chances fixes, connues d'avance et immuables. —
On a dit quelquefois que les banquiers trichaient ;
c'est complétement faux, attendu surtout que c'est
complétement inutile : dès l'instant que les chances
sont inégales, celui en faveur duquel est institué l'avantage, finit toujours par gagner, — surtout quand cette inégalité est en faveur de la banque qui joue un si grand nombre de coups et est
impassible.

La police était toujours présente, — on n'y laissait pas entrer les jeunes gens qui n'étaient pas
évidemment majeurs, — on n'y jouait pas sur parole, on ne pouvait perdre que l'argent qu'on avait
apporté, — on n'avait à craindre ni tricheries, ni
tromperies, ni habileté, — on ne risquait pas non
plus d'être entraîné par la vanité de ne pas céder
à un adversaire et jouer aussi gros jeu que lui.
L'adversaire s'appelait Boursault, ou Perrin, ou
Bénazet; on ne le connaissait pas et on ne le voyait
jamais.

Or, ce n'était pas une petite affaire que d'entrer pour la première fois dans une de ces maisons de jeu, — sous les regards du public ; — combien de gens ont passé mille fois devant et s'en sont retournés.

Les maisons de jeu fermées, — naturellement le nombre des tables d'hôte suspectes, des maisons de bouillotte, des cercles de tous degrés et de toutes nuances, des maisons clandestines et des tripots de tout genre s'en est considérablement accru ; — ça a l'air de maisons honnêtes comme les Lorettes ont l'air d'honnêtes femmes, — mais enfin on ose y entrer, sans que les passants sachent où vous allez. — Là on trouve, dans la plupart de ces maisons, des grecs, des filous, — et si ce n'est que de loin en loin qu'il s'en glisse quelqu'un dans les cercles les plus rigoureux, — on trouve au moins dans ces cercles des gens qui ont fait du jeu une étude et qui « savent jouer. »

On y joue sur parole, — on y joue un jeu où la

vanité élève les enjeux et établit une lutte entre les joueurs.

En même temps que s'élevait le nombre des maisons de jeu autorisées sous le nom de cercles, ou défendues sans succès sous le nom de maisons clandestines, le jeu se mettait dans toutes les affaires, — on jouait à la Bourse un jeu plus cher et plus dangereux que dans aucune maison de jeu ; — en affaires, on ne fondait plus des établissements, on risquait des coups.

La surveillance inefficace des tripots coûte fort cher à l'administration, tandis que les maisons de jeu régulièrement ouvertes apportaient un revenu assez gros.

Sous les règnes de MM. Boursault et Bénazet, les deux derniers fermiers des jeux, ces messieurs versaient au trésor par douzième, de mois en mois, une somme annuelle de 5,550,000 francs.

Le fermier devait avoir toujours en caisse un million deux cent quatre-vingt-onze mille francs, et un cautionnement de 500,000 francs à la Caisse des consignations ; — outre les 5,550,000 francs, la ville de Paris avait droit à la moitié des bénéfices nets, lorsque les produits bruts ne dépassaient pas neuf millions, et une part des trois quarts sur la somme qui excédait ces neuf millions. Ce dernier cas ne s'est présenté qu'une fois — de 1819 à 1837, époque de la fermeture des jeux ; — c'est en 1825 où les sommes perdues par les joueurs dans les maisons de jeu de Paris s'élevèrent à 9,008,628 francs, — la recette la plus basse de ces dix-neuf années a été de 6,055,100 francs.

L'argent des étrangers comptait pour la plus grosse part dans les sommes perdues, — mais la présence de ces étrangers, attirés à Paris par la sotte passion du jeu, était pour la ville un autre produit bien supérieur à celui des jeux.

Certes, si l'on pouvait supprimer la boue en bouchant les égouts, si l'on pouvait détruire le jeu en fermant les maisons de jeu, — il n'y aurait pas à hésiter.

Mais jusqu'ici on n'a fait que rendre le jeu plus général et plus dangereux, — il ne paraît pas que depuis 1837, époque de la fermeture des maisons de jeu, le niveau de la morale publique se soit sensiblement élevé, ni que le goût et les abus du jeu aient diminué en France.

Si l'on rouvrait les maisons de jeu, il faudrait apporter certaines modifications aux anciens errements.

Ainsi, au n° 113 du Palais-Royal, il y avait un jeu appelé biribi, où on pouvait jouer 50 centimes et à la roulette deux francs : il faudrait élever les mises à un taux qui écartât les classes peu fortunées, il faudrait que *Messieurs de la Chambre*, on appelait ainsi les hommes de service, ne prêtassent pas sur gage aux joueurs comme cela avait lieu dans certaines maisons.

Il faudrait qu'aucune de ces maisons n'eût une entrée clandestine.

Il faudrait surtout répandre à profusion, à bas

prix, gratuitement et partout, — non pas des discussions académiques, ampoulées, emphatiques, des tirades de tragédie contre le jeu,

Mais des principes et des vérités basés sur des preuves mathématiques ; — d'Alembert, Diderot et quelques autres ont fait des calculs de probabilités qui démontrent, avec une limpidité complète, que les chances du jeu dans les maisons de jeu, c'est-à-dire sans tricheries ni fraudes, sont calculées de telle façon, que le joueur, ou le *ponte*, comme on appelle le joueur dans les banques — le pondeur d'argent, — doit nécessairement et fatalement perdre son argent.

Prenons un exemple dans la loterie instituée par Louis XIV. Voici le *boniment* de charlatan que publia le grand roi à ce sujet en 1700, en ouvrant une loterie royale de dix millions de francs.

« Sa Majesté, ayant remarqué l'inclination na-
« turelle de la plupart de ses sujets à mettre de

« l'argent aux loteries particulières et à celles qui
« se font dans les pays étrangers, et désirant leur
« procurer un moyen agréable et commode de se
« faire un revenu sûr et considérable pour le reste
« de leur vie, même d'enrichir leurs familles, en
« donnant au hasard des sommes si légères qu'elles
« ne puissent leur causer aucune incommodité, a
« jugé à propos, etc. »

C'est-à-dire que le monarque invitait ses sujets à venir jouer contre lui, — lui tenant la banque, — avec des avantages dont s'arrangerait le grec le plus effronté.

Or nous allons voir quelles étaient les principales chances que présentait la loterie royale :

Pour que les gains fussent proportionnés aux risques, c'est-à-dire pour que le jeu fût loyal, il aurait fallu que le roi payât au joueur qui gagnait un quaterne, cinq cent onze mille trente-huit fois sa mise — et quarante-trois millions neuf cent quarante-neuf mille deux cent soixante-huit fois sa mise lorsqu'il gagnait le quine (supprimé plus tard), c'est-à-dire si le joueur avait deviné quatre ou cinq des numéros sortants, cinq sur quatre-vingt-dix.

Tandis que le roi ne payait que soixante-dix mille fois sur le quaterne et un million de fois sur le quine.

De sorte que le joueur gagnant recevait de moins que la proportion mathématique et loyale, quatre cent quarante et un mille trente-huit sur le quaterne et quarante-deux millions neuf cent quarante-neuf mille deux cent soixante-huit sur le quine.

Tandis que la roulette, avec des chances en apparence presque égales — assure cependant à la banque un bénéfice énorme et certain.

Il faudrait donc par le raisonnement, par des calculs, par des preuves incontestables — établir — que

ON NE GAGNE PAS AU JEU.

Supposons un instant un jeu égal; — nous pouvons sans trop d'irrévérence supposer que le jeu se passe entre S. M. Louis XIV, puisqu'il s'était fait croupier — et le premier venu de ses sujets, — soit Pierre — nous supposons que S. M. renonce aux avantages de grec et d'escroc qu'elle s'était réservés dans la loterie, — mais je préfère prendre un autre sujet du grand roi pour l'opposer à Pierre, — Jean par exemple.

Faisons-les jouer à pile ou face — jeu tout à fait égal, si c'est un tiers qui jette la pièce en l'air, et si ce tiers n'est ni intéressé dans le jeu, ni ami de l'un des deux pontes.

Supposons que Pierre et Jean possèdent chacun cent francs — et jouent cinquante francs.

Pierre gagne, et a augmenté son avoir d'un tiers : tandis que Jean a diminué le sien de la moitié.

Que Jean perde un second coup, Pierre a doublé sa fortune — mais Jean n'a plus rien, c'est-à-dire est livré à une misère complète — ce qui est hors de toute proportion — les chances défavorables l'emportent donc énormément sur les bonnes chances même dans un jeu égal.

Parenthèse :

Montaigne raconte que de son temps un gentilhomme eût rougi de passer pour s'être rendu habile à l'escrime, — il en devait être ainsi, surtout tant qu'on voulut ou crut voir dans le sort des armes un « jugement de Dieu; » aujourd'hui, on se pique, au contraire, d'habileté et la prétendue bravoure de certaines gens est fondée sur cette habileté, et leur confiance de ne courir que peu ou point de dangers, tandis que leur adversaire est exposé à un péril presque certain. — Il n'y a pas très-longtemps (et on m'a montré dans mon enfance les derniers héros de ce genre suspect) qu'un homme sans expérience, provoqué par un spadassin, devait, sous peine de déshonneur, aller non pas se battre avec lui, mais se faire tuer par lui, — marcher non au combat, mais à la mort.

Aujourd'hui, on ne pourrait plus s'établir duelliste de profession et spadassin, — l'homme provoqué par un tel personnage pourrait, avec l'approbation universelle, lui casser une chaise sur la figure, — et, insulté à un certain degré, exiger un combat complétement de hasard, qui ferait courir aux deux combattants un danger égal, — et lui brûler la cervelle s'il le refusait; — mais il y a maintenant moins peut-être de gens qui se battent trop, que de gens qui ne se battent pas assez.

Le devoir des témoins est d'égaliser autant que possible les chances entre les combattants — et ce devoir ira s'établissant de plus en plus et amènera, avec le temps, une grande rareté de duels.

Mais les poursuites qu'une idée fausse a amené la justice à exercer contre les témoins, seulement parce qu'ils sont témoins, entraîne un résultat presque toujours fâcheux et quelquefois funeste : beaucoup de gens sérieux ne voulant encourir ni la prison, ni l'amende, refusent d'accepter ces fonctions même pour leurs amis — et fréquemment on est obligé d'avoir recours à des jeunes gens sans expérience, sans autorité, sans fermeté.

Quelquefois aussi à des gens enchantés de *paroître*, comme disait d'Aubigné, — d'être pour quelque chose dans un duel, d'avoir part dans l'attention publique pendant quelques jours, — attrait rendu plus fort par l'usage tout à fait nouveau d'annoncer les duels à l'avance dans les journaux, comme une représentation dramatique, en ayant soin de prolonger cette attention, en annonçant et l'envoi des témoins, et les pourparlers, et même en donnant un procès-verbal du combat et un satisfécit aux adversaires, — tandis qu'il y a peu d'années encore il était de convenance rigoureuse, non-seulement pour les adversaires, mais aussi pour les témoins, de garder un silence complet avant l'affaire — et d'empêcher, presque toujours, par toutes les influences possibles, la publicité des journaux après le duel.

Cette publicité, préalable surtout, qu'on pourrait à la rigueur taxer de mauvais goût, a un autre résultat plus grave ; c'est que le public, averti, alléché, trouve mauvais qu'un duel annoncé n'ait pas lieu ; — se fâche si on s'explique, si on s'arrange, si on ne se bat pas, on lui doit un duel, peut-être un meurtre ; — que lesdits témoins sont compromis pour leur part aux yeux de ce public, et qu'alors lesdits témoins n'arrangent pas volontiers les affaires auxquelles ils sont mêlés ; — ainsi la moitié et peut-être plus des duels n'auraient pas lieu sans la galerie invitée et rassemblée ; et alors il se comprend que, dans ces duels pour la galerie, les adversaires et les témoins se contentent avec empressement d'une égratignure obtenue par l'un des combattants, — ce qui a pour suite assez fréquente aujourd'hui, que les quatre témoins sentent le besoin de signer et de publier dans les journaux une attestation que les adversaires ont montré une grande bravoure ; — ajoutons que le plus souvent, pour donner plus de dramatique à l'affaire où on a joué un rôle, et aussi pour justifier le bruit fait d'avance, on a soin, dans une note envoyée aux journaux, d'exagérer ladite égratignure et d'alarmer un peu le public.

Or, il peut arriver, néanmoins, il arrive quelquefois, qu'une blessure dangereuse et même la mort soient le résultat d'un duel plus sérieux dans ses causes, mené sur le terrain pour la galerie et par la publicité donnée aux pourparlers.

Et il est peut-être permis de faire ce raisonnement : ou l'insulte faite et subie était assez grave pour que deux hommes s'exposassent à la mort, et il est ridicule de se contenter d'une égratignure.

Ou l'affaire ne valait qu'une égratignure ou des explications, et il est criminel de la part des témoins d'avoir permis que leurs clients s'exposassent à une issue funeste.

Au lieu d'écarter les témoins par des rigueurs judiciaires, par cela seul qu'ils ont consenti à être témoins, — le vrai et le raisonnable seraient d'accepter moralement et judiciairement les fonctions des témoins, mais aussi d'exiger l'accomplissement des devoirs imposés par ces fonctions, — d'examiner si l'affaire à laquelle ils ont assisté rendait une rencontre nécessaire.—Si, dans le cas contraire, ils s'y sont opposés non-seulement par leurs avis, mais aussi par l'autorité que des témoins qui comprennent leur mission, doivent se faire donner par ceux qu'ils représentent.

Si, le duel jugé nécessaire, ils en ont égalisé les chances autant que possible, — s'ils ont exigé la plus stricte loyauté et la plus parfaite régularité, et la plus exacte exécution des règles et des conventions. — S'ils ont accompli tous ces devoirs, ils doivent être renvoyés honorablement, et punis sévèrement s'ils y ont manqué.

Mon vieux maître d'armes, Grisier, disait : Les témoins ont tué plus de gens que les épées.

Plus que toutes les défenses sans cesse renouvelées et sans cesse bravées ou éludées, on réussirait à rendre les duels peu fréquents,

En les bornant aux duels nécessaires,

En renonçant à l'annonce des duels dans les journaux,

En donnant toute la responsabilité aux témoins,

En décidant que quand on se battrait, — on ne s'arrêterait que lorsqu'un des deux adversaires serait hors de combat.

Revenons au jeu et aux jeux. — Le lien et la transition entre cette question et celle du duel, est la « morale de papier » qui veut comprimer et répercuter, au lieu de régler.

Je disais donc que l'égalité au jeu n'existe pas, — parce qu'il y a des gens qui savent jouer à divers degrés et d'autres qui ne savent pas. Qu'il y a ceux qui se font une affaire du jeu, ceux qui s'y entraînent et s'y préparent par la sobriété, — qui y portent un tempérament froid, etc.

Que du temps de Louis XIV, on n'était pas déshonoré pour tricher à un certain degré. — Voir les *Mémoires de Gramont*.

Qu'on serait déshonoré aujourd'hui, mais qu'il y a un nombre plus que suffisant de gens à qui c'est parfaitement égal, — et que ces gens se glissent partout, — très-rarement dans certains endroits, souvent dans certains autres, et dans certains autres encore ne se glissent pas parce qu'ils y sont établis.

Déjà, certaines restrictions ont été admises aux anciennes rigueurs des règles du jeu, — le payement des dettes de jeu dans les vingt-quatre heures n'est plus absolu ; on demande, on obtient, on prend des délais.

Cette condition de payement dans les vingt-quatre heures, et le nom de « dettes d'honneur » appliqué aux dettes de jeu, s'expliquent facilement :

On n'est pas forcé de jouer, on est censé ne jouer que l'argent que l'on a.

La loi ne reconnaissant pas les dettes de jeu, la sécurité du gagnant ne repose que sur la probité du perdant.

Le jeu existe, a toujours existé et existera toujours à l'état de passion. Juvénal et Cicéron ont assez parlé du jeu chez les Romains ; les Germains jouaient leur personne et leur liberté ; le perdant devenait esclave du gagnant qui pouvait le vendre.

A Naples, on a vu des bateliers jouer leur liberté pour un an ou plusieurs années ; — les nègres de Juida jouent leurs femmes et leurs enfants ; un Vénitien joua sa femme ; — un Chinois joua sa femme et ses enfants ; les Indiens jouent un doigt, et le perdant se le coupe lui-même, etc.

Les Conciles ont cent fois défendu les jeux, surtout aux prêtres, et les ont défendus sans succès. — Les rois de France, d'Angleterre, d'Espagne, de Prusse, d'Italie et tous les potentats d'Europe ont multiplié les lois contre le jeu. — Tous, il faut l'avouer, n'ont pas donné l'exemple en se soumettant à leurs propres lois.

Louis XIV rendait des édits contre les jeux de hasard, et en même temps on jouait à sa cour un jeu effréné : « le hocca, dit Mme de Sévigné, est défendu à Paris et on le joue chez le roi ; — cinq mille pistoles avant le dîner, ce n'est rien ; c'est un vrai coupe-gorge. »

Et en même temps, le roi qui prohibait les jeux, provoquait ses sujets à jouer contre lui à la loterie, un vrai jeu d'escroc comme je l'ai démontré.

En Angleterre, Henri VIII — Charles II —

la reine Anne, etc., ont publié édit sur édit.

En France, comme en Angleterre, comme en Prusse, comme en Italie, comme partout, lois, édits, défenses ont été bravés ou éludés.

On ne détruira donc pas la passion du jeu — il faut la régler.

Résumons : depuis la suppression des *jeux*, a-t-on pu constater la moindre diminution dans le *jeu* ?

A-t-on vu, au contraire, s'accroître le nombre des tripots, des maisons de jeux clandestines, et des cercles plus ou moins autorisés?

La « morale de papier » a donc encore essuyé une de ces défaites qui devraient éclairer sur son inanité.

Laissez s'ouvrir les jeux parce que ça ne fera pas un joueur de plus, — parce qu'on y perd sans doute, mais un peu moins vite que dans les tripots. — Ça fait durer le plaisir de se ruiner plus longtemps, — et on s'y ruine contre des chances fixés et connues d'avance. — On n'y est pas mêlé, par une complicité de clandestinité, à ce qu'il y a de plus abject dans la civilisation.

Laissez s'ouvrir les maisons de jeu, — faites le meilleur usage possible de leur produit ; — poursuivez avec une énergie indomptable les maisons clandestines ; — luttez avec persévérance contre la passion du jeu, contre les cercles qui la favorisent et détruisent la famille et « la maison. »

Et, je le répète, — ne fermez pas les égouts tant que vous avez de la boue et des ruisseaux, — car vous ne faites alors qu'étaler le gâchis et la fange, faute d'écoulement.

Je finirai aujourd'hui par une anecdote qui m'a été racontée par un contemporain.

« Je rencontrai, dit-il, dans la maison de jeu 129 du Palais-Royal, à Paris, un homme de lettres avancé en âge — dont je ne vous dirai pas le nom ; — il vit encore ; — quand il gagnait, il se réjouissait en lâchant quelque citation latine — mais il ne gagnait pas souvent. — Un jour il me frappa sur l'épaule et me mena dans un coin ; — là il me montra un petit volume richement relié, — c'est Juvénal, dit-il avec un soupir, donnez-m'en 40 sous, que je joue encore un coup.

« Je lui donnai 5 francs — il les perdit, — revint me frapper sur l'épaule — et tirant de sa poche une paire de vieux bas de soie noire : — Je n'ai plus que cela, me dit-il — donnez-moi encore 40 sous.

« Il perdit encore. Je lui rendis son Juvénal pour qu'il y trouvât des consolations. Il n'avait plus rien, mais il trouvait de quoi jouer. On ferma les jeux : il ne devint pas plus riche. L'homme trouve toujours de quoi nourrir sa passion. »

ALPHONSE KARR.

VI.

LES MORALISTES.

Les sages d'aujourd'hui disent qu'il ne faut jouer que pour l'honneur, mais d'autres sages leur répondent : « Il n'y aura rien pour les cartes. » Il faut donc jouer son argent. Ne le joue-t-on pas sans cartes à tous les jeux de la vie? Si Adam et Ève jouaient au jeu de pommes, les dieux de l'Olympe ne jouaient-ils pas sous la présidence de Mercure?

Louis XIV donnait l'exemple disant : « L'ennui est pire que le jeu. » Il disait aussi : « Le jeu est un enseignement : il prouve qu'en toutes choses il faudrait avoir vu le dessous des cartes. »

Qui ne se souvient de cette histoire ? Louis XIV jouait contre un seigneur de sa cour; une nombreuse galerie formait un cercle vivant autour de la table royale. Vint un coup douteux; une petite discussion s'établit entre le roi et son adversaire.

Grâce à l'esprit égalitaire du jeu, le gentilhomme maintenait que le coup devait être porté en sa faveur; la galerie observait le plus profond silence. Le comte de Gramont entra.

— Ah ! tenez, s'écria Louis, voici Gramont qui va trancher le différend. Ai-je tort? ai-je raison? Vous allez juger le coup.

— Sire, interrompit aussitôt le spirituel courtisan, sire, vous avez tort.

— Comment, j'ai tort? Vous ne savez seulement pas ce dont il s'agit.

— Votre Majesté ne comprend-elle pas que pour peu que sa prétention eût une ombre de raison, tous ces messieurs, depuis longtemps, lui eussent donné gain de cause...

Le jeu donne des leçons d'égalité. Par le jeu ceux qui s'élèvent seront abaissés et ceux qui sont en bas monteront en haut. C'est le va-et-vient de la fortune.

Tous les moralistes anciens et modernes, les sept sages de la Chine, les sept sages de la Grèce, les sept sages de la France ont consacré les droits du jeu. Aucun d'eux n'a songé à condamner cette passion toute primitive. On a toujours joué.

Pendant le siége de Troie Palamède créait les échecs ; pendant les croisades saint Louis jouait aux échecs.

Joinville rapporte que « le Viel de la Montaigne, prince des Beduens, envoya à saint Louis, entre autres présents, un jeu d'échecs en cristal de roche, monté en or. » Cet échiquier est au musée de Cluny, sinon au musée des souverains.

Don Juan d'Autriche avait un tout aussi beau jeu d'échecs. Comme dit Virmaitre, c'était une salle entière, dont le pavé de marbre, blanc et noir, formait les cases ; les pions étaient remplacés par des hommes habillés suivant leurs rôles. Il les faisait mouvoir suivant les règles, — comme un général commande à ses soldats. — Don Juan représentait naturellement le roi.

Platon s'indignait contre le jeu, non pour l'argent perdu, mais pour le temps perdu. Caton jouait après un échec politique.

Hume disait : « Quand je vois les rois et les peuples se combattre, je m'imagine voir une partie de quilles dans la boutique d'un marchand de porcelaines. » Hume disait aussi : « Laissons jouer les joueurs pour ne pas déranger le jeu des choses. »

Les femmes aussi bien que les hommes ont sacrifié à cette passion qui les prend aussi violemment. Mme de Sévigné conte souvent ses joies et ses colères. Elle finit par avouer que le hasard n'est pas aveugle puisqu'il verse l'or d'une main dans une autre pour que tout le monde s'habitue à la fortune et à la pauvreté.

CONCLUSION.

Ce monde n'étant pas le meilleur, il faut bien s'y résigner et vivre du mal comme du bien.

Vivons donc de nos passions, mais conduisons-les dans les défilés de la jeunesse avec le sang-froid et l'adresse d'un gentleman qui mène dans le tohu-bohu des courses quatre chevaux indisciplinés, sans accrocher ni verser.

Puisque l'ennui conduit au vice, acceptons le jeu qui tue l'ennui et qui dans ses entr'actes conduit à l'idéal.

L'idéal, c'est déjà le chemin de la sagesse.

L'homme qui joue, l'homme qui doit jouer, l'homme qui a joué a devant les yeux je ne sais quel mirage qui le détache du terre à terre de la vie où tout n'est que vanité et misère. Au lieu de s'abîmer dans les nécessités grossières, il s'élève à je ne sais quelles espérances, presque toujours chimériques, il est vrai, mais qui maintiennent sa pensée vers les routes de l'infini. Toutes les féeries des poëtes et des conteurs sont dépassées : tout à l'heure ce joueur était le dernier des hommes, les miracles du jeu vont peut-être lui donner cette fortune soudaine qui sera la vraie fée de sa vie.

Ce n'est pas tout, l'homme qui joue devient croyant, comme le matelot qui s'embarque.

Ceux qui regardent jouer parlent de hasard, ceux qui jouent parlent de la Providence.

Élevez l'esprit des peuples, c'est une grande politique. Or, dans les sociétés démocratiques, quand les grandes familles peuvent à peine relever une aile ruinée de leur château, quand on marchande amèrement la liste civile des princes ou des Présidents de République, que voulez-vous qu'on hasarde de grand ici-bas? Quand l'économie des gouvernements et des familles est la seule grande vertu prêchée, qui donc oserait jeter royalement l'argent par les fenêtres pour refaire un Vatican, un Alhambra, un Versailles?

Il n'y a qu'un fermier des jeux comme M. Du Pressoir qui pourra refaire encore le grand luxe, en élevant des palais où tous les arts se donneront la main.

Au train dont vont les choses, le niveau du grandiose s'abaissera de jour en jour : Paris a déjà un opéra de province et les Italiens ne peuvent plus s'y acclimater.

On a dit : « Les dieux s'en vont; » après les dieux ce sont les rois; après les rois les princes : il ne nous restera bientôt que toutes les déchéances prosaïques, que toutes les vulgarités de pacotille. On a voulu l'égalité, non pas pour s'élever, mais pour faire descendre ceux qui étaient au-dessus.

Il n'y a donc plus pour ceux qui cherchent le grandiose, pour ceux qui aiment à rêver, pour ceux qui veulent s'exiler du terre à terre, que les belles prodigalités du Palais des Jeux.

Ce seront les anciennes fêtes de Versailles : opéras, concerts, danses, comédies, chasses, courses, mises à la portée de tout le monde.

Le peuple surtout y trouvera son compte, par le travail.

Et il s'y enrichira, lui qui ne joue pas, par les trois à quatre cents millions qu'y prélèvera tous les ans la France.

Les nations riches font les peuples riches.

FIN.